El Patrón

TODO LO QUE NO SABÍAS DEL MÁS GRANDE NARCOTRAFICANTE EN LA HISTORIA DE COLOMBIA

RAUL TACCHUELLA

LibrosPrime
LAS MEJORES OBRAS

LIBROS PRIME

CONTENTS

Introducción

Tuve un hijo. Hace muchos años. Hoy sería un hombre canoso y compartiría arrugas y experiencias conmigo. Pero eso no pudo ser posible, gracias a mi avaricia y a "El Patrón".

Una buena parte de mi vida la viví en unos de los barrios más peligrosos de Colombia, allí nació, creció y murió mi hijo. Nuestra relación era muy buena, más que padre e hijo, éramos como un par de amigos, yo pienso que él era la persona que más me quería y yo era quien más lo quería.

La comuna donde se ubica el barrio queda al nororiente de la ciudad, vivíamos en una humilde casa, nosotros dos junto con mi esposa. Era una casa pobre, con goteras, de bahareque, pero recuerdo ese momento como uno de los mejores que he vivido, más allá de la pobreza había una felicidad que se traducía en fraternidad y amor genuino.

Para un niño que crece en barrio, las calles son su universo, allí juegan y hacen mundo día a día. Era un sitio luminoso, feliz. En navidad todo era como una gran familia, cada uno atento a ver qué traía el "Niño Dios".

No voy a mentir, pasaban cosas, había delincuencia y asesinatos. Para el Estado los barrios no existían, así que la ley la imponía la banda de turno. Si tú no te metías con nadie, no sucedía nada, salvo alguna bala perdida que te perforara el pecho. Lo malo fue que mi hijo comenzó a meterse con ellos, con uno de los bandos, estaba empezando a formar parte y casi lo iban a "bautizar" pidiéndole que matara a otro.

Yo era un buen padre, así como era su amigo, también sabía poner carácter cuando correspondía, lo halé a tiempo y lo encerré en casa, luego de molerlo a palos y advertirle del peligro que corría si cogía esa vida.

Esto parecía que iba a surtir efecto, pero una tarde de miércoles el diablo tocó a mi puerta, bueno no el diablo en persona, uno de sus demonios. Era uno de los sicarios de "El Patrón", venía a anunciarme a mí, así como a otros vecinos de esa humilde cuadra de casas endebles y podridas, que habíamos sido beneficiados con una casa que quedaba unas cuadras más abajo, un nuevo barrio que tenía el nombre legal de "El Patrón".

Ahí empezó mi culpa, como padres de familia siempre queremos darle lo mejor a nuestros seres amados. No todos los días te tocan la puerta para ofrecerte una casa nueva, hecha de cemento, con techo sin goteras y todos los servicios instalados. Sabía que provenía de uno de los peores capos que parió Colombia, pero ese no era mi problema.

Así como los demás vecinos, yo también acepté, sin dudar. Lo hacía por varias razones: sacar a mi familia del rancho donde vivíamos, alejar a mi hijo de esa banda delictiva y conseguir nuevas oportunidades. No vi nada de malo en aceptar el obsequio.

¿Quién dijo que la gente da cosas gratis en la vida?

Esa casa tuvo un precio: mi hijo.

Pocas semanas después vi por primera vez a "El Patrón", tocaron la puerta de mi casa nueva, abrí y uno de sus hombres me decía que así como "El Patrón" había sido bueno conmigo dándome esta hermosa casa, ahora yo tenía que colaborarle, que le prestara a su hijo "para unas vueltas" que tenían que hacer. No me gustó la idea, pero qué podía hacer, tenía en la puerta a un hombre con cara de haber matado a varios, fuera, a veinte metros había una camioneta Samurái azul y atrás estaba sentado "El Patrón", mirándome, serio, en silencio, leyendo mi lenguaje corporal. En esa época en Colombia todos sabíamos lo que pasaría si retábamos a este gran capo. Mi única salida era ser obediente. Puedo jurar que mi hijo tenía un brillo de emoción en sus ojos cuando cruzó la puerta.

Pocas semanas después me enteré de que mi muchacho era uno de los sicarios de "El Patrón".

El mundo entero sabe cómo terminó la historia del hombre más terrorífico de Colombia. Luego de su muerte, que sucedió pocas semanas después de la de mi hijo, yo me fui de esa casa y de Colombia. Ahora vivo en Barcelona, España, desde donde escribo estas líneas que planeo se conviertan en un libro donde contaré muchas cosas que no han salido a la luz y otras donde cuento la verdadera versión de lo que sucedió.

Aunque mi hijo se hizo sicario y andaba con "El Patrón" de un lado a otro, siempre apartaba un rato para venir a compartir conmigo y hubo muchas historias que me contó de primera mano, conversaciones con su jefe, atentados, bombas, asesinatos, secuestros.

Conocí los "fierros" (pistolas) que usaba, tenía una que era la consentida, se la había obsequiado "El Patrón" en persona cuando tuvieron éxito asesinando a un político famoso que aspiraba llegar a presidente. Aunque yo no lo aceptaba directamente, siempre me dejaba un paquete de billetes en la mesa del comedor, al principio lo miraba a regañadientes, pero luego lo esperaba con ansia.

Aquí voy a contar cómo es que "El Patrón" reclutaba a los sicarios en las diversas comunas peligrosas de Colombia, cómo este hombre pasó de ser un pobre diablo a convertirse casi en un Dios para las personas sin esperanzas y cómo su paso era como un torbellino que cambiaba para bien y a la vez para mal la vida de todos quienes se cruzaban con él.

Narraré en primera persona su ascenso, su cúspide donde disfrutó de los más altos placeres que puede tener un hombre en la vida, incluso aquellos bajos que incluye tráfico con niñas menores de edad, hasta su descenso, los errores que fue cometiendo hasta llevarlo a sucumbir a la conocida muerte, donde mi hijo murió protegiéndolo en una de las caletas.

"El Patrón" fue un tipo nefasto para Colombia, fue el único hombre que le declaró la guerra al Estado, creó una sociedad donde veían que el único camino era hacer dinero fácil, sin importar a quién tocaba matar.

Originó una sociedad donde un hombre decía "usted no sabe quién soy yo" y sacaba un arma y le metía tres tiros.

Sin nada de orgullo digo que mi hijo fue parte de ellos y gracias a él tengo esta historia y estas experiencias, esto es lo nunca antes dicho sobre "El Patrón", uno de los hombres más peligrosos que tuvo Colombia.

Advertencia: Los nombres reales, lugares e incluso algunos hechos fueron cambiados con el propósito de proteger las identidades reales de muchas personas.

Capítulo 1

De la cuna al sicariato

Los jóvenes que pasaban a formar parte del sicariato en Colombia eran reclutados tal como reclutaron a mi hijo, aunque ese no era el único modus operandi. El jefe de sicarios llamado Marino, junto a sus otros sicarios se iban a los barrios más pobres de la ciudad y contactaba a las bandas. Todos ellos eran reclutados y se les iba dando pequeños trabajos que cumplían, poco a poco iban ganando confianza hasta que lograban el derecho a un mejor puesto o llegar incluso al anillo cercano de "El Patrón".

Colombia en esa época era un país donde los asesinatos a manos de los sicarios ocurrían prácticamente todos los días. Para los jóvenes de bajos recursos y con pocos valores, la salida para hacer dinero era ponerse en mano de "El Patrón". Cuando se unían, eran acogidos por una entidad llamada "La Oficina", una banda que aún hoy, tiene el monopolio de la violencia en la ciudad desde hace varias décadas y fue fundada en su momento por "El Patrón".

Con el paso de los años, luego de la muerte del gran capo, ella ha sabido mantenerse con vida y varios cabecillas han pasado por ahí, las autoridades han intentado doblegarla y han atrapado a algunos cabecillas. Pero ya todos sabemos cómo es que se mueve el negocio entre el Estado y las mafias.

Cuando "El Patrón" la lideró, esto era una red de sicariato y una casa de cobro de deudas, allí llegaban aquellas deudas por narcotráfico que no pagaban. "La Oficina" nació en una de las urbanizaciones más conocidas de la ciudad. Era una fachada, allí "El Patrón" se reunía para hacer los planes de su trabajo con el narcotráfico. Sus sicarios de confianza reunieron a todas esas pandillas que andaban sueltas en la ciudad y las hizo su ejército privado, no bastándole con eso, reunía a jóvenes que apenas iban entrando en la adolescencia y querían empuñar un arma y los ponía a trabajar, aprovechó incluso a los llamados "gamines" que eran jovencitos que estaban en la calle y ya tenían toda esa maña que exige poder sobrevivir.

Puedo asegurarte que en esa época "El Patrón" era el patrón de patrones. No se cometía un delito sin que él no tuviera alguna relación, desde la muerte más insignificante hasta los asesinatos que resonaron en el mundo. "La Oficina" fue clave cuando este bandido decidió declararle la guerra al Estado y empezó a pagarle 600 dólares a cada sicario que matara un policía.

Mi hijo me cuenta que el día que salió de casa llegó al cuartel de "El Patrón", lo hizo emocionado, con una mezcla de miedo y emoción, porque por fin conocería al hombre del que tanto hablaban en Colombia. Tomaba esa experiencia como una de las más excitantes de su vida. Tenía por entonces apenas 15 años de edad. Era un joven intrépido, travieso, quería vivir y estaba harto de mis normas y prohibiciones de juntarse con los muchachos del barrio.

Por sus venas corría el deseo de empuñar un arma que resonara, deseaba sentir la vibración del metal en su mano y casi al instante ver la carne agujereada. Dijo que se sentía Dios, daba vida cuando perdonaba a alguien y la quitaba cuando apretaba el gatillo. Él y su jefe decidían quién vivía o no.

Mi hijo llegó y se plantó frente a "El Patrón", con la disposición de conocer su suerte y dispuesto a obedecerlo hasta la muerte. El problema que tenían entonces era la lucha por prohibir la extradición a Estados Unidos. La fe y el amor que le cogió a ese hombre me provocó celos, no lo voy a negar, a veces pienso que lo amaba más a él que a mí "Viejo, yo moriría por "El Patrón", con él todo, para las que sea", dijo una vez, mientras me mostraba su arma.

El capo fue un hombre con un poder que no tenía límites, su violencia parecía que nunca acabaría. La tierra de "El Patrón" parecía una ciudad de la mafia siciliana. Todo gracias a un hombre que nació en los cerros más pobres de Colombia. Lugares donde solo vivían obreros, empleados, personas que apenas soñaban con cualquier pequeño lujo. De allí salió "El Patrón" y también muchos sicarios que de soñar con tener una bicicleta o algún juguete de plástico, pasaron a lucir joyas lujosas, ropa de marca, grandes carros, todo de una manera llamativa, sin elegancia, buscando llamar la atención entre la multitud.

En las montañas colombianas, entonces, se practicaba la violencia con violencia. Enfrentamientos entre sicarios, entre esos mi hijo, recorrían terrenos huyendo del enemigo, enfrentándolo, asesinándolo. Desde esta cuna donde salieron sicarios que aún tenían el olor de la teta de sus madres en la boca, y nació el narcotráfico que llegó a funcionarios estatales que se fusionaron con los criminales para producir una macrocriminalidad, se hicieron los más grandes capos que hundieron en la miseria a la sociedad e hicieron correr ríos de sangre por todo el país. Fue una época sin esperanza, sin amaneceres inocentes. Un golpe que marcó un antes y un después.

Yo fui parte de ese momento difícil y criminal, era cómplice en silencio de todo lo que contaba mi hijo. Vi cómo llegó a la riqueza de la cual yo también me vi beneficiado.

El precio de ese dinero fueron crímenes terribles, artes de guerra, heridos, muertos, miles de víctimas, de las cuales yo también me incluyo. De la organización de "El Patrón", salieron muchos crímenes más; organizaciones y delitos de quienes heredaron el imperio del mal.

Capítulo 2

Una breve historia de "El Patrón"

D ICEN QUE "EL PATRÓN" asesinó a más de 10 mil personas, fue un rey de la droga que estaba obsesionado con el poder y tenía deseos por jovencitas adolescentes. En su cenit de violencia asesinó a muchos policías y políticos.

Cuando las personas narran la historia de "El Patrón" es fácil imaginarlo trepado en un caballo, con dos revólveres al cinto, azotando los pueblos de mujeres con niños desamparados. No exagero ni me amparo en licencias literarias para adornar estas palabras, en realidad a este hombre le encantaba disfrazarse de Pancho Villa, aunque su historia supera cualquier bandido que tenía como amigo a su caballo y las pistolas. Así como "El Patrón" cometió crímenes, también logró ganarse el afecto de una buena parte del pueblo colombiano.

Este hombre nació en una fecha cercana a navidad en el año 1949, en un pueblo cercano a una gran ciudad de Colombia. Fue el tercero de siete hermanos, desde pequeño fue el consentido de su madre, lo cual lo hizo mimado. Aunque esto no fue impedimento para que desarrollara su ingenio y creatividad. Desde pequeño mostró su deseo por el dinero y apenas lo ganó, buscó estrategias para seguirlo ganando. Sus primeros trabajos era alquilando bicicletas y revistas, como las de El llanero solitario, El Zorro, El Santo, entre otras de esa época.

Cuando llegó a la adolescencia se asoció con su primo Gustavo para trabajar en una empresa de lápidas, por meses viajaron buscando dolientes que compraran la lápida para su muerto reciente, pero pronto estos dos descubrieron un modo de hacer más dinero, robaban lápidas de panteones de familias ricas y la vendían a recicladores.

Sus inicios en el narcotráfico fueron por el año 1992, tenía 22 años y era conocido en su ciudad natal por sus primeros pasos en el crimen. Ya a esas alturas había creado una banda que se dedicaba a desvalijar autos y vender mercancía de contrabando, eso era apenas el jardín infantil para todo lo que iba a hacer "El Patrón" en los años venideros.

Este hombre empezó a hacer las veces de intermediario con los productores de droga y aquellos que la llevaban a Estados Unidos. Era un hombre despiadado, si las cosas no se hacían como él decía, asesinaba al atrevido y seguía como si nada. Esta sangre fría le sirvió para escalar en el mundo de la droga. Pronto comenzó a llevar dinero a su casa y su madre diría años después en una entrevista: "Él fue ambicioso, como todos lo somos, quería plata para tener bien a su familia, especialmente para tener bien a sus papás, a sus hermanos y pues también para mantener a la mujer muy bien tenida Pero nunca le quitó un centavo a nadie"

En los siguientes años "El Patrón" junto con su primo aprendieron el oficio de la droga bajo el ala de un hombre apodado "El Padrino", este les permitió conseguir dinero rápido a cambio de dedicarse a tiempo completo a la droga. Ellos se hicieron guardaespaldas de los grandes convoy de droga que llegaban a la ciudad y allí fue donde "El Patrón" comenzó a destacar por sobre los demás traficantes, en situaciones de gran tensión se mantenía calmado y frío. No consumía cocaína e incluso mi hijo me dijo en varias ocasiones que él consideraba que aquellos que la consumían eran débiles de corazón.

Esta personalidad le hizo volverse un "mosca" que es el hombre que va frente a la caravana y tiene la facilidad para sobornar a las autoridades y evitar que los que vienen detrás corran peligro.

Sus patrones lo veían como un hombre sano que no bebía ni fumaba, por eso guió caravanas de hasta 40 camiones y esto le generó muchos pesos.

Con el paso de los años, los ingresos de "El Patrón" aumentaron al punto que en el año 1974 asumió la tarea de llevar él mismo los cargamentos de cocaína a Estados Unidos, dos años después construyó sus laboratorios de procesamientos de cocaína y fue en ese año que nació el Cartel que lideró hasta su muerte. Era una estructura tal que abarcaba los tres escalones del mundo de la droga, producía, transportaba y vendía.

Esta fue una época primaveral en su vida porque lideró el 80% del tráfico de este estupefaciente que llegaba a los Estados Unidos, a los 29 años era inmensamente rico. Cuentan sus historiadores que él había afirmado que si a los 25 años no tenía un millón de dólares se suicidaba.

Otra de sus grandes culturas era la frase de "plata o plomo" o te dejabas sobornar y cogías la plática que amablemente te daba "El Patrón" o asumías las balas. Por esos tiempos este líder decidió un objetivo ambicioso que logró en parte: quería ser político. De este modo iba a buscar tener un velo de legalidad en lo que hacía. Para esto "El Patrón" buscó ganarse el voto del pueblo de diversas maneras, ya sea construyendo más de 100 campos de fútbol en las zonas más desfavorecidas, edificando barrios para las clases bajas y ayudando a muchos, todo esto, por supuesto, del dinero de la cocaína.

Un ejemplo de todo el dinero que "El Patrón" gastó en alegrar a los ciudadanos, se vio en las obras sociales, incluido el barrio Pacífico, donde nació y pasó parte de su infancia, cercano por cierto a aquel barrio donde recibí aquella casa maldita que se robó a mi hijo.

En uno de estos eventos, donde inauguraba una cancha, de un helicóptero se bajó Virginia Valdez, una diva de entonces que buscaba congraciarse con los presentes.

Esto le hizo merecer el odio de otros políticos que lo tildaron de populista. Así fue que este hombre logró convertirse en congresista a los 32 años. El más grande narcotraficante de Colombia era un político amado por el pueblo.

Se cree que su fortuna ascendía a unos 25 mil millones de dólares. Con estos ingresos tan grandes que no sabía en qué gastar, lo primero que hizo fue comprar unos terrenos de 7400 acres en un pueblo a las afueras de su ciudad. Invirtió 62 millones de dólares en la Hacienda Napolitana y esta terminó siendo casi una finca de emperador.

Allí tenía una casa central, muchas comodidades, bares, piscinas, salón de juegos, comedor para setenta personas, cavas donde había toneladas de comida, pista de aterrizaje, hangar, setenta motos, carros anfibios, camioneras, aerobotes, una estación de gasolina, caballerizas, centro médico y muchas cosas más.

Si todo lo nombrado parece llamativo, lo más destacado en esta hacienda era el zoológico de animales exóticos, allí había unos mil animales importados, sin permiso alguno, entre los que destacaba un rinoceronte, camellos, alces, hipopótamos, elefantes, entre otros.

En estas tierras tampoco faltaron las grandes fiestas llenas de mujeres jóvenes, armaba orgías desenfrenadas con mujeres a las que le pagaban o eran obligadas a ir.

A medida que este hombre crecía en el mundo del narcotráfico, también aumentaba su maldad, con su llegada al poder, Colombia se vio inmersa en un narcoterrorismo despiadado contra jueces, fiscales, policías, militares y políticos. Todo el que se oponía a ese reino de droga era asesinado, allí fue donde nació la demanda de sicarios, siempre hacían falta para matar más y más personas.

"El Patrón" tenía que decir solo una palabra para que toda la maquinaria de sicarios actuara, "Hágale". Los matones no se detenían hasta ver a ese muerto en la urna. La ira del gran capo se desató cuando fue expulsado de la política gracias a un político llamado Rodrigo Bonilla, quien demostró que era un narcotraficante y que su financiación era por medio de la droga. Esta acusación le costó la vida a Bonilla. Algo similar le pasó al dueño del periódico El Observador, quien fue asesinado en 1986, por hacer públicos los turbios negocios de "El Patrón". Años después, este periódico fue atacado con 135 kilos de explosivos que dañaron gran parte del edificio.

A partir de esa época dejé de ver a mi hijo con la frecuencia de antes, ya que se puso a seguir los continuos atentados de "El Patrón", mi muchacho estuvo implicado en cada uno de los asesinatos que sucedieron, así como en las bombas, una de ellas, la más recordada aquella que pusieron frente a la oficina del DAS, el Departamento Administrativo de Seguridad, ente encargado de las labores antiterroristas y que perseguían a este cartel de droga.

En esa ocasión más de 70 personas perdieron la vida, además de 500 heridos. El motor del camión en el que venían los explosivos terminó en el piso 9, junto a la oficina del jefe del DAS de aquel entonces, ese mismo año un avión fue derribado porque querían eliminar a un político de peso.

En esta época se le atribuyeron de manera directa e indirecta más de diez mil asesinatos. ¿Cuántos de esos habrá ejecutado mi hijo? Todos estos actos prendieron las alarmas de la DEA y fue el principio del fin.

Miguel Zarza, uno de sus grandes enemigos y el cual sufrió atentados con bombas inmensas, dijo que "El Patrón" fue un hombre con mucho talento, de esos que nacen únicos entre millones, lamentó que su genialidad la haya usado para el mal.

Casi quince años antes de su muerte "El Patrón" escribió su epitafio, porque Estados Unidos solicitó que todos aquellos criminales que habían cometido delitos en sus fronteras fueran extraditados. El gran capo al ver esto de inmediato desató una ola de crímenes que hizo que Colombia no extraditara narcos del país. Tiempo después el presidente de entonces llegó a un acuerdo con "El Patrón" dijo que no extraditaría a nadie si él se entregaba y acababa preso. Este aceptó, pero con una condición: construiría su propia cárcel.

Así nace "La iglesia" sitio donde había todo menos una prisión, contaba con habitaciones lujosas, gimnasio, cancha de fútbol, salones de juego y hasta una catarata natural. "El Patrón" no es que se la pasara todo el tiempo allí, entraba y salía a gusto, cuando los medios se dieron cuenta se armó tal escándalo que el gobierno no le quedó otra que tomar medidas para encerrarlo de verdad.

Esto desató una persecución que no dio tregua y empezaron de nuevo una serie de asesinatos con más de un centenar de sicarios, a su vez el gobierno armó un grupo de cacería para atraparlo y asesinarlo. Las estrategias de las autoridades fueron efectivas y cada día lo cercaban más, finalmente lo tenían en la ciudad y solo hacía falta una llamada para ubicarlo. "El Patrón" contactó a su hijo y de inmediato fue ubicado, estaba en un barrio de clase media de la ciudad, en un chalet. Allí dentro se encontraba junto a otros sicarios que cayeron, "El Patrón" hablaba con su hijo por teléfono y confundió el ruido de las autoridades con una construcción vecina. Las autoridades irrumpieron, la primera planta estaba vacía y siguieron buscando.

Cuando "El Patrón" descubrió lo que pasaba corrió por el mismo camino que siguió uno de sus sicarios de confianza, volvió su mirada y vio a uno de los policías, le disparó pero este se tiró al piso. Otros policías que cubrían la otra área de la casa le dispararon con un R15 y "El Patrón" cayó junto a su sicario. Ese día acribillaron al protagonista de la maldad que cambió la historia de Colombia.

Capítulo 3

"El Patrón", sus deseos sexuales y la verdad sobre las 49 jovencitas asesinadas

U NO DE LOS GRANDES misterios de Colombia es la aparición de 49 jovencitas asesinadas, las cuales atribuyeron a "El Patrón", nunca se comprobó, pero puedo decir basado en lo que me contó mi hijo que sí, ellos las asesinaron por tener las orejas muy largas. Pero vamos por partes, te voy a contar esta historia desde el principio:

"Niña, compórtese, nada de ser mal hablada que por eso es que las matan" eso le dijo "El Patrón" a una jovencita luego de tener sexo y mientras daba dos o tres caladas a su cigarro de marihuana, único vicio que se permitía.

"El Patrón" no exageraba, si la niña hablaba moría. Una de sus amantes contaba que era un hombre amable, sereno, no hablaba mucho y se portaba muy caballeroso, daba consejos paternales y nunca hablaba de sus problemas. Esta es una de las dos sobrevivientes del atentado contra las 49 jovencitas.

Mi hijo me contó que una vez una niña se comportaba mal, tenía la boca muy grande y decía imprudencias, algunas incluso ofensivas. Se sentía poderosa por haber sido elegida para una noche de sexo con el gran capo de Colombia. Mi muchacho no supo a ciencia cierta qué le habrá dicho la jovencita a "El Patrón" en la intimidad, pero cuando lo mandó a llevar a la muchacha a la casa le dijo "esa pelada habla mucho, no nos conviene, hágale el trabajito".

De camino, en un desvío, mi hijo le dibujó una cruz de balas en el pecho. Fue encontrada días después. Antes de ser asesinada también fue torturada, "El Patrón" quería confirmar que no sabía nada de unos enemigos suyos. Al parecer algo sabía, porque no regresó a casa y tuvo una mala muerte.

¿Por qué "El Patrón" mató a esas muchachas?

Mi hijo me contó que descubrieron a unas escuchando conversaciones, que no debían, me dijo "el día que llevaron a todas esas peladas, había una reunión con varios carteles y algunas oyeron lo que no debían, pero eso no es todo, se pusieron a hablarlo con las otras y en un ratico lo que era algo privado de unos negocios, terminó en boca de todas ellas, tocaba pelarlas".

Niñas vírgenes

"El Patrón" tenía orgias con sus muchachas, el único requisito que exigía es que fueran vírgenes. Le gustaba buscar jovencitas de 14 a 17 años. Mi hijo junto a otros hombres se vestían bien e iban a los barrios a buscar seducirlas, cuando todo se encaminaba le ofrecían plata para tener relaciones con el gran capo.

Para convencerlas antes de llevarlas le mostraban un fajo de billetes, eran adolescentes, de seguro nunca habían visto tanto dinero junto. Cuenta mi hijo que "El Patrón" decía: "al ver los billetes pierden la brújula".

Mi hijo también se encargaba de buscar a unas que no eran tan jovencitas, que pasaban de los 17 años, estas eran llevadas a un apartamento lujoso que había en una de las mejores zonas de la ciudad. En este lugar llevaban a modelos, candidatas a reinas o aspirantes a actrices de televisión.

Siempre se ha dicho que lo que atraía a las mujeres era el dinero y el enigma que tenía "El Patrón", pero también su fama como buen marido, ya que a pesar de todo esto, había otra cara de este hombre, era un esposo ejemplar, casado con María Valentina Henao apodada la Tata, quien era según el propio capo, el amor de su vida. Era también un padre amoroso, y era un amante generoso de misses colombianas famosas por esa época.

Eso era un imán para muchas mujeres, algunas lo que menos le importaba era el dinero. Mi hijo en varias ocasiones tuvo que devolver el dinero que le daban para ofrecerles a las mujeres porque simplemente no lo aceptaban. Ellas querían a "El Patrón".

Cada uno busca el poder a su manera.

Mi hijo me contó con orgullo, porque siempre me hablaba así de "El Patrón" que una muchacha, regresándola a su casa, le contaba emocionada acerca del capo: "es un hombre protector, tiene palabra, lo que dice lo cumple, me genera mucha confianza" en cierto modo todas las mujeres soñaban con encontrar un "Patrón" en sus vidas.

Otras eran más oportunistas, sabían que "El Patrón" era poderoso y podía conectarlas en un noticiero o conseguirles un papel en una televisora. Dentro de sus amantes el capo tenía a Virginia Valdez, una mujer famosa de la televisión y de la cual estaba perdidamente enamorado.

Por mucho tiempo se ha divagado el motivo por el cual "El Patrón" asesinó a esas 49 jóvenes, se dijo en su momento que los hombres del cartel querían conseguir información para localizar enemigos. La otra es que se dice que estuvo a minutos de ser atrapado en una finca y descubrieron que había una delatora y como no había tiempo para identificar cuál era, las mataron a todas.

Esto lo deducen porque "Es mejor tener una novia muerta que una testigo resentida a cambio de unos pocos millones para delatarnos en la policía" esto lo decían los sicarios, la solución era llenarlas de plomo.

La tercera hipótesis es la que me contó mi hijo, las mataron por escuchar lo que no debían. Como yo no viví eso en persona no puedo dar veracidad a sus palabras, pero puedo decir que hubo muchos sucesos que conocí de primera mano por boca de mi muchacho.

"El Patrón" decía:

—Q'hubo —decía—. A ver si me consiguen una muchachita de esas, ¿no? Usted sabe dónde la tiene que llevar, a A1... no, mejor llévela a A75.

Estos códigos se referían a caletas numeradas que solo los sicarios conocían.

Las mujeres que elegía "El Patrón" tenían que ser puras, delicadas, menudas, con las piernas largas y muy hermosas. Una vez quiso llegar a una adolescente de un equipo de voleibol que la policía usó de señuelo pero eso fracasó rotundamente.

Por lo general usaban jovencitas de barrios pobres, jóvenes sin oficio que eran felices con una paca de dinero, una moto e incluso un automóvil usado. Aunque los autos eran solo para aquellas lo suficientemente bellas para merecerlo.

Mi hijo me decía entre risas "Todas esas peladas tienen un precio".

La perversión tenía más matices, "El Patrón" amaba ver a una muchacha virgen perder su pureza con una lesbiana experimentada. Así como mi hijo buscaba mujeres junto con otros sicarios bien parecidos, también había una celestina que buscaba muchachitas interesadas en experimentar experiencias lésbicas.

Ellas se dejaban acariciar y besar por otra mujer y "El Patrón" disfrutaba un montón cuando las vírgenes estallaban en orgasmos múltiples.

Además de eso "El Patrón" tenía juguetes sexuales que llevaba en un maletín que se llamaba "El kit de carretera", dentro habían vibradores y otros juguetes lésbicos.

Mi hijo disfrutó de muchas de esas muchachitas, "El Patrón" permitía que llevaran varias mujeres y armaban unas orgías que eran peor que los últimos días de Calígula. Por su parte "El Patrón" decidía irse a habitaciones donde estaba solo con su amante o amantes, no compartía esta intimidad sexual en grupo.

El modus operandi para llevar una jovencita desde su barrio hasta la caleta de "El Patrón" era hacer diversas paradas. La llevaban de un sector a otro y allí era cambiada de auto y así iba con varias "alcabalas" hasta llegar al destino final, donde la esperaba el capo para su noche de placer, ellas por supuesto iban con los ojos vendados.

Los placeres a veces eran de una noche, pero muchas veces fue de cuatro o cinco días, dependiendo de la vibra que "El Patrón" tuviera con ellas.

Dentro de los grandes mitos del capo está la de llevar niñas de los barrios para violarlas y descuartizarlas, pero esto no es del todo cierto. Mi hijo me contó que sucedió solo una vez, dijo "llevamos una pelada del barrio y no sé qué le pasó por la cabeza para en medio del sexo darle una cachetada a "El Patrón", este se puso iracundo y la mandó a cortar, pero solo fue esa vez, la gente inventa mucho".

Lo que sí puedo asegurar es que "El Patrón" era amante de las jovencitas, le encantaban los juegos lésbicos y estuvo con muchas mujeres hermosas de Colombia.

Mi hijo también tuvo su tajada de placer. Aunque claro, eso solo fue en la efímera primavera de esta época de narcotráfico, luego las cosas se pusieron difíciles.

Capítulo 4

Los obreros de "El Patrón"

De los muchos temas que se han abordado de "El Patrón" hay uno que no se comenta con mucha frecuencia y es porque no es muy conocido: los obreros que trabajaron para él.

Recuerdo cuando empezó la persecución del patrón de patrones, todos esos obreros fueron perseguidos y asesinados, aunque mi hijo no me lo confesó de seguro este mató a algunos.

Lo que sí me dijo fue cuando tuvo que buscar electricistas, constructores, plomeros y arquitectos para trabajar en sus obras secretas, estos profesionales recibían fuertes sumas de dinero por sus trabajos, pero cuando estuvieron en el último año de persecución de "El Patrón" prácticamente todos los obreros fueron asesinados.

¿La razón?

Es sencilla: Fueron los trabajadores de confianza de "El Patrón" en más de una década de construcciones con escondites muy sofisticados y eran los únicos que podían llevar a las autoridades a esos refugios que ahora servían para que "El Patrón" se escondiera.

En los momentos difíciles del cartel, los hombres fueron asesinados por lugartenientes bajo la orden de "El Patrón", así las autoridades perdieron una oportunidad de dar con las caletas.

La razón por la que "El Patrón" contrataba profesionales para construir sus casas era porque en todo el tiempo que estuvo delinquiendo, ninguna casa rural o urbana careció de por lo menos uno o dos refugios para huir u ocultarse de las autoridades.

Durante el proceso de persecución de "El Patrón" se descubrieron más de ochenta caletas además de la prisión que construyó él mismo para ocultarse e incluso para meter fusiles, granadas, radios de comunicación, uniformes del ejército de la policía y hasta dinamita.

Esto no se puede negar "El Patrón" sabía hacer sus construcciones, porque ningún elemento se quedaba por fuera. Es por eso que en los últimos meses de persecución las autoridades iban con electricistas, plomeros y constructores para que hicieran su trabajo cuando llegaran a alguna de las caletas. Esto les ayudó a descubrir muchos secretos en cada uno de estos inmuebles.

Se demostró que las caletas tenían desde puertas falsas hasta pasadizos de quince metros que llevaban a baños y habitaciones, a los que solo se tenía acceso por medio de complejos mecanismos electrónicos.

Estos refugios, sin embargo no eran el único frente de estrategia que usaba "El Patrón" para esconderse. Muchas veces usó lo que se llamaba finca caleta, este nombre se debía a que tenía hasta cuatro vías de escape.

Esos lugares en gran parte garantizaban la seguridad personal de "El Patrón", es por eso que el Bloque de Búsqueda, encargado de darle cacería, tenía la certeza de que los constructores eran posibles delatores y por eso tocó eliminarlos.

Eran tantas las noticias de asesinatos de alto valor, de magistrados, políticos y bombazos que la muerte de unos pobres obreros pasó desapercibida.

Pero las caletas comenzaron a irse localizando a partir de una operación llamada Cocorná que se desplegó en julio de 1990, cuando "El Patrón" mismo junto con otro narcotraficante llamado Jorge Ochoa, huyeron a un cerco tendido por las autoridades para lograr dar con ellos en la hacienda La Plata, en el Magdalena Medio.

Un par de meses después de este intento de captura las autoridades descubrieron en la caleta un par de pasadizos secretos y cuatro vías de escape que al final le permitieron huir de las autoridades.

Luego de que las autoridades dieran con esa caleta fue que "El Patrón" comenzó a matar obreros. Lo mejor era evitar que algún sapo hablara. Esto según leí no recuerdo dónde, dicen que las autoridades lo escucharon en una llamada pinchada. Según recuerdo fue una conversación más o menos así:

«¿Recordás al viejito que estaba por allá por la carretera? Ese sabía de la caleta» dijo un hombre.

«Sí, tranquilo que de ese me encargo yo» contestó "El Patrón".

Luego que "El Patrón" escapó de la cárcel que él mismo construyó, un par de meses después, las autoridades dieron con muchas de las caletas donde había armamentos e incluso donde se reunía con socios o hacían juicios.

En una de las muchas caletas estuvieron secuestrados los hermanos Moncada, agentes del cartel, que luego fueron ejecutados y entregados a un policía corrupto y que posteriormente fue un hecho que usaron para fingir que los narcos habían sido atrapados en un operativo policial.

Una de las tantas caletas estaba dotada de un mecanismo conectado a una llave de agua que al oprimirse liberaba una chapa de seguridad y abría una puerta forrada en baldosa de color azul claro. Esta se situaba en la regadera del baño principal, en este sitio según los investigadores "El Patrón" mantuvo secuestrados a unos socios que luego asesinó.

En la cárcel hecha por "El Patrón" había un compartimiento secreto que tenía un baño y una pequeña estancia de seis metros por cinco de diámetro que comunicaba al sanitario de la guardia por medio de otra puerta hecha de concreto reforzado y con varillas de hierro.

"El Patrón" se reía porque por unos meses los policías se bañaban en esos baños y jamás se dieron cuenta de nada, cuando las autoridades descubrieron todo fue que notaron que por estos pasadizos se llegaba a una pieza con un baño y todo, la manera en cómo descubrieron todo fue porque a un hombre se le fue el fusil por una pared y descubrieron el secreto que se ocultaba atrás.

Aunque las caletas no se reducían sólo a vías de escape y cuartos secretos, también habían una caletas pequeñas como la que estaba detrás de un cuadro del Divino Niño de Atocha donde se escondían armas y dinero. Te hablo solo de las caletas descubiertas, pero son muchas las que no se encontraron.

Uno de los obreros también diseñó un sitio bien amplio en la habitación donde estaba mi hijo, colocó bajo una nevera de 80 centímetros de profundidad una caleta que servía de bunker, esta se abría a un espacio que ocupaba el armario, un chifonier y llegaba a una puerta falsa de concreto que daba a otro cuarto de ocho metros cuadrados.

En la cárcel ya mencionada se consiguieron con el tiempo muchas caletas de dinero y armamento, el sitio estaba construido de tal forma que un escritor creativo hubiera podido escribir una novela llena de misterios con pasadizos secretos.

Hay un hecho bien curioso, el constructor de esta cárcel fue un conocido arquitecto que fue detenido durante los días negros de Colombia, pero luego fue liberado. Es de los pocos obreros sobrevivientes que trabajaron para "El Patrón".

Para el patrón de patrones cualquier sitio era ideal para hacer una caleta, se descubrieron escondites en muebles, chimeneas, piscinas, cielos rasos y hasta en el piso. Muchos mecanismos eran eléctricos o manuales pero todos tenían su complejidad para abrirlos.

"El Patrón" le puso a todas un nombre de acuerdo al afecto que le tenía: La Supersecreta se hallaba en el Magdalena Medio, donde se colocó un retén en el que fue asesinado un oficial de la policía; La Rojita quedaba en Girardota; Los Lagos quedaba en El Poblado y así, caleta a caleta, todas bautizadas por "El Patrón".

Este hombre sin duda era un genio, en Girardota los investigadores encontraron una caleta que era toda una obra arquitectónica que tenía un túnel subterráneo que terminaba al otro lado de una piscina, similar a esta hubo muchas otras caletas en varias localidades de la ciudad natal de "El Patrón".

Mi hijo tenía muebles con doble cajón que eran bastante difíciles de detectar, en ellos escondía armas o dinero. Estaban tan bien hechos que la fiscalía en su momento devolvió algunos sin descubrirles nada.

Fue después con el tiempo, tras revisiones más detalladas que descubrieron que había escondites muy bien hechas.

Los pasadizos que construyeron los obreros de "El Patrón" eran grandes obras, constaban de 10 hasta 20 metros y el trayecto terminaba fuera de la propiedad, lo que le daba oportunidad para escapar.

La razón por la que las autoridades iban con obreros especializados era porque los baños los revisaban los plomeros, los interruptores y los bombillos eran revisados por electricistas y la estructura por maestros de construcción. Si el diámetro de la vivienda no coincidía se acudía a constructores para volar las paredes y descubrir caletas ocultas a simple vista.

"El Patrón" no era inmune a delatores, muchas caletas fueron reveladas por delatores, poco antes de ser asesinado, el narco tenía planeado hacer una caleta en el apartamento que servía de refugio para Mario Castaño, hombre que fue asesinado un 19 de marzo a manos de las autoridades.

Seguramente nunca habías escuchado de estas caletas de "El Patrón" o en caso de haber oído algo no sabías todo el esfuerzo que puso el hombre para esconderse de las autoridades.

¿Cuántos millones de pesos habrá invertido este narcotraficante para esconderse?

Cuánta genialidad desperdiciada en crímenes que cambiaron la historia de Colombia.

Capítulo 5

Nápoles

L AS CALETAS NO ERAN lo único en los que gastaba "El Patrón", tenía tanto dinero que mandó a construir una casa increíble donde su familia y su adorada hija Manuela pudieran estar tocando el cielo.

Para "El Patrón", era un paraíso en la tierra.

Para el mundo, la Hacienda Nápoles era el lugar donde se planeaban los secuestros, asesinatos y rutas por donde se distribuiría la droga.

Se dice que "El Patrón" ganó más de 15 mil millones de dólares durante su reinado de droga, bueno eso dicen las fuentes oficiales, pero en realidad fueron más de 25 mil millones, según me cuenta mi hijo.

Gran parte de ese dinero se invirtió en edificios, casas, autos, haciendas, caletas y claro, el inmueble más famoso: la Hacienda Nápoles.

Se ubicaba en Puerto Triunfo, Antioquia y contaba con una extensión de 2995 hectáreas. Tenía toda una serie de atracciones excéntricas como la simulación de un parque jurásico, un coliseo, una casa, muchos autos antiguos y varías piscinas.

Pero el zoológico se llevaba la atención de todos, tenía a 200 especies de animales, como hipopótamos, jirafas, cebras, elefantes y avestruces.

Nápoles fue valorada en 63 millones de dólares. En este sitio se reunían los líderes del cartel donde hablaban de trabajo y también era un sitio de descanso y placer. Allí estuvieron muchas celebridades de entonces, que no estaban vinculadas a "El Patrón", pero que si simpatizaban con él.

En los salones donde hoy hacían fiestas increíbles, anoche había sido escenario donde se habían torturado y asesinado a los enemigos de "El Patrón".

Hoy la Hacienda Nápoles es una atracción donde la gente va a ver cn diversión y alegría, las cosas que hizo el capo de capos. Colombia siempre ha tenido la particularidad de sacarle plata a todo, incluso al dolor.

Yo jamás pisaría ese lugar.

El comienzo de Nápoles

Mi hijo escuchó a "El Patrón" decirle una vez a su esposa:

«Cuando muera lo único que quiero es que me sepulten aquí y que siembren una ceiba encima. Ah, y no vengan a visitarme nunca, porque el cuerpo solo es un recipiente que nos dan para estar aquí en la tierra».

Según entiendo "El Patrón" siempre acostumbraba a decir dónde quería ser sepultado al morir.

A mi hijo se lo dijo también. Una vez iban caminando por el zoológico de la hacienda y le dijo:

«Vea pelado, si me muero primero que usted, me hace el favor de recordarle a mi familia que yo quiero ser sepultado ahí», dijo mientras señalaba el lugar cerca de unos árboles.

No se le cumplió el deseo al señor, sus huesos se hacen polvo en un cementerio común de su ciudad.

Pero veamos el inicio de Nápoles. "El Patrón" buscó por más de un año una tierra que tuviera selva, agua y montaña al mismo tiempo, en el helicóptero de su propiedad recorrió Caucasia, Bolombolo, Santafé de Antioquia y prácticamente toda Antioquia, pero no dio con un lugar que cumpliera con todos estos requisitos.

Un día llega a sus manos un aviso que apareció en el periódico donde ofrecían una finca en Puerto Triunfo, cerca de la autopista Medellín-Bogotá. Una tierra ideal para la hacienda porque se construían carreteras, cerca de ahí. "El Patrón" aceptó verse con el dueño y entre una cosa y otra el viaje se pospuso por tres meses hasta que al fin se dio.

Por entonces "El Patrón" andaba con una fiebre por las motos y vieron que sería divertido irse en ellas hasta el punto de encuentro con el dueño de la finca. Pero no contaban con la época lluviosa y se empaparon, igual siguieron a pesar de lo accidentado del viaje y las constantes caídas.

Cuando cayó la noche aún iban a medio camino, apenas por el municipio de San Carlos.

Era la una de la mañana, pero no les tomó mucho dar con los dueños del almacén, el restaurante y el hotel. En poco tiempo todo estaba abierto y compraron ropa, se dieron un banquete y se echaron a dormir.

Al día siguiente entre tropiezos y uno que otro percance por fin llegaron a la Hacienda Hazzen, allí conocieron al propietario quien por cosas del destino era un viejo enemigo de "El Patrón", uno con quien hacía años se había liado a puñetazos en un barrio de la ciudad.

Aunque el tema no fue tocado, ambos hombres salieron en caballo a recorrer la hacienda y cuando "El Patrón" le preguntó el precio, el dueño le dijo que no estaba en venta que era patrimonio de la familia.

Al día siguiente "El Patrón" salió con sus hombres a recorrer más fincas, vieron varias y al final hablando con el dueño, negociando y soltando alguna amenaza entre líneas, "El Patrón" se hizo con una propiedad llamada Valledupar, que compró por 35 millones de pesos, lo que sería más o menos 915 mil dólares de la época.

Aunque "El Patrón" esto le parecía muy poca tierra, así que en los próximos meses se dedicó a comprar otras fincas alrededor. En total 9 fincas que sumaron más de dos millones de dólares de inversión.

Por fin tenía lo anhelado, un terreno con ríos, selva, montaña y un clima delicioso con calor pero sin humedad. Mi hijo junto con otros hombres y "El Patrón" iban cada fin de semana a la hacienda a ver los avances de la construcción. Ampliaron una de las casas que pronto sería llamada

Nápoles en homenaje a Capone, el gánster estadounidense, cuyo padre de este nació en la ciudad de Nápoles. "El Patrón" era apasionado a Al Capone, leía cuánto material salía del criminal.

Una vez en una entrevista le preguntaron si se creía más grande que Al Capone a lo que "El Patrón" respondió:

«Ignoro cuánto medía Al Capone, pero creo que yo soy unos centímetros más alto que él».

Pronto la casa principal se erigió, era un tanto extraña en arquitectura pero dentro tenía mucha comodidad. La habitación de "El Patrón" era extraña, apenas tenía 5 metros cuadrados, muy pequeña comparada con la superficie total de la casa.

En el primer piso había ocho habitaciones más o menos del mismo tamaño y atrás tenían tres garajes que eran para los autos, pero al final pusieron camarotes y nuevos baños porque las visitas eran masivas.

Junto a la piscina para niños y adultos en un techo semicubierto estaba la sala de televisión donde cabían 40 personas; junto a esta área había un enorme bar con diez mesas de cuatro puestos, una barra con muchas botellas de licor y el sitio lleno de juegos electrónicos de la época como Pac-Man, Don King Kong, entre otros.

Un día se hizo con la grúa más grande de Colombia y la usaba en la hacienda para trasplantar árboles grandes. Sembró miles de árboles frutales como mango, guama, limón y naranjos.

Uno de sus grandes deseos era tomar las frutas sin siquiera bajarse del carro.

En ese sitio había mucha comida, grandes bodegas con toneladas de alimento, meseros por todos lados dispuestos a ofrecer lo que fuera, desde trajes de baño, pañales, zapatos, ropa, hasta muchos dulces.

Todo era derroche.

Si alguien pedía un trago le daban la botella completa.

La mujer de "El Patrón" hacía torneos de tenis en la cancha, se reunía con sus amigas y traían un profesor desde la ciudad para que las entrenara.

Nápoles era diversión desde el inicio hasta el final. Era imposible aburrirse ahí.

Las excentricidades no tenían límite, un arquitecto del Magdalena Medio fue llevado en helicóptero por mi hijo, para que se encargara de construir unos dinosaurios en tamaño real.

Los animales fueron hechos de cemento y con colores vivos. Años después, cuando "El Patrón" cayó, algunos fueron perforados porque las autoridades creían que dentro había dinero.

Cada que había una reunión en Nápoles se llamaba a los invitados y se les preguntaba si querían ir en helicóptero, avión privado, camioneta o moto, se les preguntaba por hora de llegada y hora de partida.

"El Patrón" era amante de los deportes extremos, manejaba los fines de semana los aerobotes, a veces chocaba con las piedras y los dañaba, pero de inmediato lo reemplazaba por otro y seguía con la diversión.

Una vez viajando en helicóptero a "El Patrón" le dio por construir una represa usando la fuerza del río Doradal, por un año se trabajó en su construcción pero al final se canceló porque se estaba llevando mucho dinero y carecía de estudios técnicos y había peligro de inundar varias poblaciones aledañas.

El zoológico

Una vez estuvo en la hacienda de uno de sus socios del cartel y vio un zoológico, de inmediato le entró el capricho por hacerse de uno en Nápoles. Interesado en traer animales compró una biblioteca de National Geographic y se puso a estudiar el clima de la zona para seleccionar los animales que se adaptaban a ese sitio.

"El Patrón" hizo varios viajes a Estados Unidos, donde compró animales que meses después llegaron a la hacienda, sus viajes eran en familia y regresaba con maletas llenas de todo tipo de tonterías, compraba lo que veía, desde baratijas hasta compras de horas en joyerías de lujo en la Miami de los ochenta.

Fue de las épocas doradas, donde nadie perseguía a "El Patrón" y solo era disfrute de sus inicios en el cartel.

El capo encargó a uno de sus hombres averiguar dónde podía comprar elefantes, cebras, dromedarios, jirafas, búfalos, hipopótamos, flamingos, canguros, avestruces y otros animales. No incluyó a los leones y los tigres porque "El Patrón" quería que los animales estuvieran libres y estos le parecían muy peligrosos.

Semanas después le dieron información de los animales y entonces se fue a Estados Unidos a cerrar el negocio. Es de allí de donde salió aquella foto poco conocida donde "El Patrón" está montado en un elefante.

Muchos animales no eran permitidos en el país, por el tema de la fauna, no se puede meter otra fauna sin autorización o estudios previos.

Pero "El Patrón" hacía lo que quería, así que el primer lote de animales lo trajo en barco, pero fue algo engorroso porque quedaba a más de 400 kilómetros de la hacienda, así que los demás los trajo en vuelos clandestinos que llegaban al aeropuerto pequeño de la ciudad, sitio donde el capo tenía dos hangares de su propiedad, lo cual facilitaba todo.

Además en las noches, cuando apagaban la torre de control, en el cielo aparecían las luces de un enorme avión que aterrizaba, de los hangares salían una gran cantidad de hombres con camiones y en un momento los animales eran descargados y llevados a la hacienda.

Cuando la tarea terminaba, el avión cogía vuelo de nuevo y se perdía en la noche.

Todo era rápido. Cuando las autoridades aparecían conseguían cajas de madera vacías y muchas plumas o pelajes por el piso.

De esta manera Nápoles se hizo con un gran zoológico.

Una vez quiso tener un par de rinocerontes y para ello contrató un viejo avión DC-3 ese necesitaba para aterrizar 1200 metros de pista, pero el aeropuerto pequeño de Nápoles tenía 300 metros menos. El piloto, un viejo curtido se comprometió a aterrizar y así lo hizo, el avión al tocar tierra, en su proceso de frenado dio giros por lo menos diez veces pero finalmente frenó a pocos centímetros de caer el río Doradal.

El zoológico parecía estar listo pero "El Patrón" quería más animales, fue así que se hizo de unos loros negros, los compró por 400 mil dólares en Miami. Los cuales por cierto le hicieron pasar una calentera, porque "El Patrón" supo por su veterinario que los animales estaban castrados.

"El Patrón" pasaba horas metido en el área de las jaulas contemplando las aves. Tenía muchas, pero nada era suficiente porque en un viaje que hizo a Brasil se trajo de contrabando el loro azul, con ojos amarillos, especie protegida, pero para el capo los límites no existían, cien mil dólares y un viaje de ella sola en el avión fueron suficientes para que estuviera en Nápoles poco después.

Los últimos animales en llegar a Nápoles fueron unos delfines rosados traídos del Amazonas y lanzados a un lago artificial.

Cuando el zoológico tenía 1200 especies estaba listo para abrirse al público, pero faltaba algo: la entrada. Entonces fue construido un enorme portal de color blanco con las palabras Nápoles en las columnas principales y arriba una avioneta monomotor modelo PA 18 Piper.

La historia de la avioneta

Sobre esa avioneta se ha dicho mucho en la historia, pero la historia real me la contó mi hijo. Este pajarraco metálico dicen que fue el primero que llevó droga del capo, pero la realidad es otra. Era propiedad de un amigo de "El Patrón" y cuando se accidentó aterrizando, estuvo meses abandonada en el aeropuerto, cuando el capo vio los pedazos le pidió a su amigo que se la regalara y la hizo llevar a Nápoles donde la armaron sin motor y la montaron en las columnas.

También hay muchas versiones acerca de un auto viejo y agujereado que había en Nápoles. La versión más mentada era que pertenecía a los ladrones famosos Bonnie and Clyde en 1934 a quienes "El Patrón" admiraba sobremanera.

Pero la realidad también es menos fantástica, fue la fusión de dos carros que se restauraron y al final se veía todo remodelado y hermoso. Esto lo hizo uno de los hermanos de "El Patrón", pero un día que el capo llegaba a Nápoles sacó su ametralladora y le pidió a sus hombres que le dispararan a la carrocería, quería simular los 167 impactos de bala en el carro de Bonnie and Clyde.

Aunque si hay una anécdota curiosa. La balacera casi termina en tragedia porque dentro del auto había un trabajador que por poco no la cuenta.

La hacienda fue el inicio del imperio de "El Patrón", pero así como era un espacio para el disfrute también era un lugar de terror donde se organizaban las actividades del narcotráfico.

Pero antes de eso Nápoles estuvo abierto para el público donde el pueblo entraba gratis a disfrutar. Un fin de semana podían ir hasta 25 mil automóviles. Así era de demandado.

Tenía tantos visitantes que "El Patrón" tuvo que mandar a construir una carretera porque incluso para él era imposible llegar.

De los animales que trajo solo una especie no pudo adaptarse: las jirafas, las cuales no se acostumbraban, no comían y al final murieron todas.

Además de la apertura, en Nápoles se daban fiestas constantes de hasta un mes de duración. Llevaron cantantes famosos venezolanos y colombianos, los cuales tocaban toda la noche. Hubo fines de semana que la pista de aterrizaje parecía un aeropuerto de tantas avionetas que habían estacionadas.

Sin importar toda la fiesta que se hiciera en esta hacienda para "El Patrón" su zoológico era su bebé. Una vez vio que los flamingos no estaban rosados y se veían casi blancos. Le echó la culpa a la alimentación, llamó a un supuesto experto que recomendó que le dieran langostinos, pero claro, no funcionó.

Otro día vio que los elefantes no comían y como no sabía que darle probaba de todo, pasto picado, caña de azúcar e incluso compró tres toneladas de zanahorias, pero nada. No comían.

Ahí al final resolvía y sus animalitos comían.

Nápoles era tan conocida en todo el país que una vez hicieron una publicidad de un minuto de Naranja Postobon, la empresa de gaseosas colombiana. En la grabación usaron la avioneta Twin Otter de "El Patrón", autos anfibios, los buggies, así como varios animales como las cebras, los elefantes, las jirafas que aún vivían, avestruces y alces.

Los regalos de navidad

En sus tiempos de derroche "El Patrón" no solo se echaba el dinero encima, tenía un gran sentido de comunidad y ayudaba a las personas. Una navidad mi hijo estuvo entregado al trabajo llevando juguetes por todas las zonas aledañas de Nápoles, no hubo pueblo cercano sin regalos para los niños.

Regalaba cosas buenas, juguetes que salían en la televisión, nada de baratijas relleno de piñata.

Los niños recibían dos y hasta tres juguetes cada uno.

Una vez salió de la hacienda con cuatro helicópteros y fueron a comunidades indígenas de selvas chocoanas con cajas de medicina para los necesitados. En Puerto Triunfo había mucha gente agradecida, varios trabajaban en la hacienda y eran totalmente leales.

Sin duda alguna, podría vivirse eternamente en Nápoles si solo recordamos los momentos bonitos.

Lamentablemente hay más oscuridad que luz.

La oscuridad de Nápoles

La construcción de la hacienda, además de ser un sitio de placer también era un lugar donde "El Patrón" esperaba poder tener protección en el futuro.

Lo primero que hizo cuando empezó a construir la hacienda fue preparar un espacio para esconderse ante una emergencia. Esto quedó en el closet de la habitación principal, puso una caja fuerte de tamaño mediano donde tenía dinero y un arma. Tenía una caleta de dos metros de alto por tres de profundidad, este espacio no se veía a simple vista ya que se ingresaba por una de sus famosas puertas secretas e invisibles.

Nápoles tenía armas como para una guerra, fusiles Colt AR-15, AUG, pistolas, uzis, MP-5, incluso una ametralladora Thompson, original de 1930 con un tambor redondo para 300 balas.

Eran tantas las armas que al lado de la piscina "El Patrón" tenía una batería antiaérea antigua con un asiento, cuatro patas grandes y cañones con amortiguadores.

Aunque cuando mataron a Lara Bonilla "El Patrón" esperaba que allanaran la propiedad y la hizo esconder, quedó tan bien escondida que nunca más la encontraron.

Además de la caleta de la casa principal, había otras dos un poco lejos de la hacienda, una se llamaba Panadería, una casa pequeña, moderna, hecha con grandes vigas de madera y ubicada en los últimos lugares de la hacienda.

Era un sitio lleno de culebras que debía revisarse en detalle cada que la visitaban.

Otro refugio era Marionetas, vivienda austera perdida en calles de muchas curvas y recovecos que confundían.

En Nápoles se daban grandes reuniones del cartel, todos los mafiosos se reunían a hacer sus negocios. Muchos iban con sus novias de turno a presumirles la hacienda de "El Patrón".

Allí mi hijo conoció a El mexicano, hombre callado y pensativo, que hablaba lo justo. Era un hombre muy inteligente. También conoció a Carlos Lehder, vestido siempre de camuflaje, camisilla verde oliva y estilo de Rambo latino, con brújula, bengalas y fósforos que hasta mojados prendían.

Era tan excéntrico que hasta una ballesta cargaba. Andaba con un par de granadas cruzándole el pecho y un fusil G-3 en las manos.

Un tipo loco sin duda.

Este hombre iba armado hasta los dientes, tenía un cuerpo atlético y una piel un tanto pálida y verdosa, como si estuviera enfermo. Una vez "El Patrón" lo echó de la hacienda por ser protagonista de un escándalo. Eso fue en 1986, el tipo entró en la madrugada a la habitación de uno de los hombres de "El Patrón" y le disparó con un fusil. Este hombre comandaba una de las bandas de sicarios.

¿El motivo?

Lehder estaba furioso porque el sicario estaba con una mujer que a él le gustaba.

El escándalo y la furia de "El Patrón" fue tal, que Lehder salió de la hacienda para nunca más volver.

Esa noche se encontraba en la hacienda el periodista Germán Castro Caycedo, conversaba con "El Patrón" cuando escucharon la detonación, el capo ordenó a todos a que se resguardaran y fue con sus hombres a averiguar qué pasaba, al momento apareció Lehder con el fusil en la mano y sonriendo.

«Ahí maté a ese hijueputa».

De no ser porque desataría una guerra dentro del propio cartel "El Patrón" hubiera matado esa noche a Lehder.

Nápoles, centro de entrenamiento militar

Otra de las cosas que sucedían en Nápoles, era que se utilizaba como un centro de entrenamiento de sicarios. Es decir aparte del otro que tenía en pleno centro de la ciudad, aquí entrenaban los sicarios en caliente a los nuevos matones.

La razón del entrenamiento cuasi militar tiene una razón, una vez "El Patrón" dijo:

«Aquí son muy bravos, muy verraquitos, pero no saben ni coger bien el arma y los matan de nada como unos huevones».

A "El Patrón" le estaban matando muchos hombres, claro, cogían cualquier peladito de un barrio, le ponían un arma en la mano y le decían a quién matar. Hombres con escoltas que apenas veían el peligro acribillaban a tiros a los gatilleros novatos.

Otras veces no los mataban pero tenían una puntería terrible, entonces tenía que entrenarlos para que supieran disparar, a veces se embolataban con un arma pesada.

En 1988, cuando la guerra con el Cartel de Cali empezó, estaba desayunando en la hacienda, miró a mi hijo y a otros hombres y dijo:

«A estos muchachos los tiene que entrenar. Viene un extranjero que ha enseñado a unos hombres de 'El mexicano' y quiero que me los entrene. Es de Israel, como que es muy bueno. Entrenó algunos hombres militares colombianos y le va a enseñar técnicas de seguridad y protección y además enseñará a disparar, a meterse a casas tipo comando, para que estos bandidos se maten entre ellos cuando hagan sus atentados o los mande a hacer alguna vuelta».

Y agregó:

«Vamos a conseguir unos carros robados y una casa abandonada para simular una toma de rehenes, así ensayan bien. Todos tienen que aprobar, el que no apruebe no trabaja conmigo. ¿Quedó claro?».

Cuando se refería a que no trabajaba para "El Patrón" quería decir que el que no aprobó debía ser asesinado.

A los pocos días de esta conversación, fue traído a Nápoles el extranjero que desde muy temprano fue llevado a una finca cercana a la hacienda. Yair se llamaba. Por entonces ni mi hijo lo notó, cuando me lo contó tampoco lo noté, ni siquiera "El Patrón" lo notó, pero ese Yair era nada más y nada menos que el mercenario israelí que entrenó al ejército de "El Mexicano" que terminaría siendo después el grupo de paramilitares del Magdalena Medio.

Dentro de los hombres que se entrenaron con "El Patrón" resaltaron varios, entre esos mi hijo, junto a unos de sus compañeros que si mal no recuerdo se llamaban Tason o Tyson y Tiltan, algo así, hace años que escuché esto, recurro a los archivos de mi memoria.

Esos hombres eran letales. Lo curioso es que venían de una familia de evangélicos.

Durante los primeros días "El Patrón" se ponía a un lado de la pista de aterrizaje y veía cómo Yair entrenaba a sus muchachos, disparaban a botellas y latas puestas a una distancia prudencial.

Muchos tenían una puntería terrible, le daban al pavimento, balas que se perdían en el horizonte, entrenamientos de resistencia, Nápoles parecía un territorio militar donde sus soldados aprendían tácticas de supervivencia.

Cuando todo terminó "El Patrón" llamó a sus muchachos y les preguntó sobre sus experiencias, ellos quedaron muy satisfechos con la técnica de disparar y recargar dos pistolas a la vez, una maniobra difícil que ninguno conocía hasta el momento.

Los carros bomba

Los carros bomba tuvieron como sitio de planeación a Nápoles. Todo empezó cuando llevaron a un tal Jesús, un hombre que era experto en explosivos, se preparó en Cali con un grupo de terrorismo de España.

Uno de los hermanos Orejuela lo conoció cuando estuvo preso en Madrid y se lo trajo, por entonces tanto los de Cali como "El Patrón", no tenían rivalidades; el mercado de la cocaína en Estados Unidos era enorme y cada uno tenía su propia zona para el tráfico.

Jesús se hizo un hombre clave en esos tiempos, daba mucha confianza y "El Patrón" le daba mucha seguridad porque no podía perder a alguien tan valioso como él. Se convirtió en un hombre tan confiable que en cierta ocasión se escondieron juntos en una caleta.

Jesús aprendió muchas técnicas para detonar autos con dinamita, como dirigir ondas explosivas a un lugar determinado. La pista de aterrizaje de la hacienda fue terreno disponible para todo, incluso para las pruebas de detonaciones.

Robaban carros, le ponían los explosivos y lo hacían volar por los aires. Las pruebas las hacían al final de la pista, cerca de un barranco. En una ocasión un auto quedó tan cargado de dinamita que se elevó por los cielos y se incrustó en un árbol en la parte alta de un cerro.

Cuando comenzaron las persecuciones de "El Patrón", este era informado mucho rato antes de que las autoridades llegaran, tenía infiltrados en todas las áreas, por lo que cuando salía la comisión se llevaban hasta el último casquillo de bala.

Los medios, cada que allanaban salían orgullosos en los medios diciendo que habían conseguido armas, droga y cuanta cosa sembraran, pero nunca hubo nada, "El Patrón", mi hijo y los demás hombres se lo llevaban.

El capo ardía de la ira cuando veía estas noticias.

«Ahí están los hijueputas medios, calumniándome otra vez».

Aquí hubo de todo. Pasó de todo. Nápoles es símbolo de "El Patrón".

Otra de las grandes preocupaciones del capo en la clandestinidad, era la suerte de sus animalitos. Temía que estos fueran atacados por las autoridades, no quería que los trasladaran a otros lugares que no fueran aptos para ellos.

Él creía que la hacienda era el mejor lugar para sus animales y que cualquier zoológico del país era de lo peor comparado con la comodidad que tenía en Nápoles.

En muchos de los allanamientos el zoológico lo dejaron quieto, pero cuando las cosas se comenzaban a complicar y la persecución era más cruda, el Instituto de Recursos Renovables y no Renovables se llevaron demasiadas las cebras de "El Patrón".

De ahí es de donde nace la historia que es real, cuando "El Patrón" ordenó que sus hombres pintaran unos burros como cebras para reemplazarlos.

Para poder hacer el cambiazo ordenó que le ofrecieran al celador un año de sueldo si hacía la vista gorda mientras los hombres cambiaban los animales.

El celador, en efecto permitió hacer el cambio y esa noche pintaron a los burros de blanco y negro con sus rayas. Eran unas cebras con cara de burro.

Hubo una situación similar cuando las autoridades decomisaron una buena cantidad de aves exóticas y se las llevaron para el zoológico Santafé, cuando lo supo le ordenó a sus hombres que comprara patos, gansos y gallinas y en la noche los hombres hicieron el cambio, por eso su aves volvieron a Nápoles.

Capítulo 6

Los peores crímenes de "El Patrón"

N O HAY DUDA DE que "El Patrón" marcó un antes y un después en la historia de Colombia. Fueron muchos los crímenes que se cometieron y con vergüenza digo que mi hijo fue coordinador en muchos de ellos.

Más adelante voy a desarrollar en detalle algunos de ellos, pero antes, quiero que tengas una imagen general de todos los crímenes que sucedieron.

La cantidad de atentados

Un total de 623 atentados dejaron alrededor de 402 muertos y 1710 heridos, todos adjudicados a "El Patrón". Muchos sucedieron en la época de mayor violencia narco de la historia colombiana. La sangre y el dolor se apoderaron del país entre 1984 y 1993, cuando el capo fue abatido.

Hubo muchos atentados selectivos, bombas en muchos lugares, en instituciones y medios de comunicación, incluso voló un avión comercial.

Mi hijo me contó que los asesinatos no son 6000 como lo dicen las autoridades, sino que sobrepasó los diez mil. Todo por culpa de los atentados. Se habla de más de cien bombas solo entre septiembre y diciembre de 1989, en supermercados, bancos, colegios, 85 más entre enero y mayo del 90 y 10 en diciembre de 1992.

Estos son algunos de los atentados más recordados para los colombianos y para el mundo entero. Aquí, desde esta computadora vieja donde tecleo la historia que marcó mi vida, lo recuerdo con mucho dolor.

Asesinatos selectivos

Todo aquel que se interpusiera en los intereses de "El Patrón" era de inmediato un enemigo número uno y pasaba a ser objetivo militar. Es por eso que muchos dirigentes políticos y personalidades varias que denunciaban los delitos del narco los perseguían.

Entre ellos y estoy dejando muchos por fuera, están:

·   El ministro Rodrigo Lara Bonilla.

·   El director del diario El Espectador, Guillermo Cano.

·   El candidato presidencial por el Nuevo Liberalismo, Luis Carlos Galán.

Son muchos, nombro estos tres porque son los más resaltantes, Galán era un candidato de mucho poder, todos decían que iba a ser el próximo presidente de Colombia, "El Patrón" preocupado por lo que iba a suceder con su suerte si ganaba, entonces lo mató en Soacha.

Cuando "El Patrón" tuvo la idea de lanzarse a la política, consiguió un escaño en el congreso de la república, el primero que mostró ante el mundo que tenía nexos con el narcotráfico, fue Lara Bonilla, esto le costó la rabia del capo y la pronta persecución para asesinarlo sin piedad.

Por entonces Lara Bonilla era Ministro de Defensa, había sido nombrado hacia poco tiempo. El 30 de abril de 1984, cuando iba en su Mercedes Benz por el norte de Bogotá, dos hombres en moto lo acribillaron a tiros.

La escolta persiguió a los sicarios y el conductor de la moto perdió el control y se estrelló contra el pavimento, murió al instante. Más tarde lo identificaron como Iván Darío Guisado, un integrante de Los Piscos, unos sicarios del cartel de "El Patrón".

El acompañante, quien perpetró el asesinato fue un joven llamado Byron, resultó mal herido pero pagó 11 años de cárcel por el crimen.

Por este crimen el presidente de entonces Belisario Betancur aprobó de inmediato la Ley de Extradición y abrió la puerta a la guerra del narcotráfico.

Las denuncias eran duras desde las planchas de prensa de El Espectador, esto comenzó a incomodar a "El Patrón" que ahora se llamaban a sí mismos "Los extraditables".

Para el 17 de noviembre de 1986 hubo otro crimen por parte de los sicarios, era de noche cuando el director del diario, Guillermo Cano, salía con su auto y en esas apareció un sicario que se presentó en la ventanilla y le disparó en ocho ocasiones con una ametralladora. En el diario escucharon los disparos, corrieron en su auxilio pero al poco rato el periodista murió. Tenía 61 años, de esos 44 los había dedicado al diario que estaba a pocos meses de cumplir cien años de antigüedad.

La Fiscalía General de la Nación declaró en 2010 que el crimen de Cano fue un delito de lesa humanidad, al ser un plan sistemático y generalizado de los narcos contra el periodismo, los líderes y los dirigentes políticos que querían acabar con el narcotráfico.

Un par de años después, el 18 de agosto de 1989 ocurrió un asesinato selectivo que enlutaría el país entero. Luego de recibir unas amenazas y de salvarse de un atentado, el candidato al Liberalismo, Luis Carlos Galán, el que estaba con las mayores probabilidades de ganar, daba un discurso en Soacha y le dispararon desde la multitud.

Lo llevaron al hospital de Kennedy en Bogotá pero murió a pesar de los esfuerzos médicos. La muerte causó un impacto en el país. El presidente Virgilio Barco firmó un decreto que autorizaba la extradición por vía administrativa, ya no era necesario pedirle permiso a la Corte Suprema de Justicia.

Fue en ese momento que se creó el Bloque de Búsqueda, un equipo que reunió fuerza policial y militar de Colombia y Estados Unidos con cerca de 500 miembros, con el único fin de dar con el paradero de "El Patrón" y todo su grupo.

Mientras tanto el capo seguía matando y poniendo bombas.

Otros de los asesinatos fueron el presidente del partido de izquierda Unió Patriótica, Jaime Pardo, el procurador general, Carlos Mauro Hoyos, el gobernador del departamento de Antioquia, Antonio Roldán, este por cierto lo mataron accidentalmente cuando iban a matar a otro, pasó, los sicarios se equivocaron y estallaron la bomba.

También mataron al ex ministro de justicia Enrique Low Murtra, a los periodistas Diana Turbay y Jorge Enrique Pulido, estos asesinatos y otros miles más.

Bombas

Cuando se aprobó la Ley de Extradición, empezó una represalia sangrienta contra el Estado. Esto incluyó a la población civil. Carros bombas explotaban cada mes en muchas ciudades del país.

Solo en el año 1993, año cuando muere "El Patrón", este detonó varios carros con explosivos. El 30 de enero en el centro de Bogotá dejó 25 muertos, el 15 de febrero don más en el mismo sector dejaron 4 muertos, el 15 de abril una bomba estalló en un barrio exclusivo de la capital, esto dejó 11 muertos.

Hubo otros atentados en la prensa, en el 88 un coche bomba explotó a las afueras del diario El colombiano, un año después estalló otro en El Espectador, tres años después de la muerte de Guillermo Cano. En la bomba de los dos diarios no hubo muertos, solo varios heridos y mucho daño material.

El Espectador al día siguiente del bombazo publicó un titular gigante que decía "¡Seguimos adelante!".

Pero estas bombas se quedan tontas con unas que fueron impactantes. Sucedieron en el año 1989, año que se considera más grave del terrorismo en Colombia.

Una de ellas fueron las siete toneladas de dinamita que pusieron en un bus que explotó en la entrada principal del Departamento Administrativo de Seguridad, el conocido DAS. Sucedió a las siete de la mañana, hubo 72 muertos y más de 600 heridos. El estallido se escuchó en gran parte de la ciudad y la onda expansiva de tres cuadras a la redonda.

El objetivo de esta bomba era el general Miguel Maza Márquez, quien era director del DAS.

En el año 1991, otro carro bomba tenía 150 kilos de dinamita y metralla, explotó bajo el puente de la avenida San Juan de Medellín, a las afueras de la plaza de toros La Macarena. Sucedió pocos minutos después de que terminara la octava corrida de la feria taurina, muchos no habían salido y otros disfrutaban en los alrededores.

La explosión tuvo una onda expansiva que los lanzó lejos, con sangre y cuerpos desmembrados. La tragedia dejó 26 muertos y 134 heridos. Esta bomba iba dirigida a un carro oficial de agentes del F-2 de la Policía Metropolitana. A este le atinaron así como a otros uniformados que también murieron.

Avión de Avianca

Este suceso merece un subtítulo. Fue el atentado más brutal que se realizó el 27 de noviembre de 1989. "El Patrón" nunca asumió este atentado siempre dijo que no fue organizado por él, pero vaya que sí tuvo responsabilidad.

La cuestión fue así, un avión comercial de la aerolínea Avianca despegó desde el aeropuerto internacional El Dorado, en Bogotá, el destino era el Aeropuerto Internacional Alfonso Bonilla Aragón de Palmira, que presta servicio a Cali. Pero cinco minutos luego de despegar explotó. Abordo iba lo que llamaban un "suizo" es decir un suicida, este no sabía lo que llevaba en sus manos, una bomba que hizo estallar el avión, no dejando ni un solo sobreviviente.

Dentro del avión se desató un incendio en la parte central, por las alas, llegó a la parte trasera, en uno de los tanques y esto produjo la explosión que desintegró por completo el avión.

Además de los 107 tripulantes que murieron, también tres personas en tierra murieron.

El atentado del avión iba dirigido a quien era por entonces candidato a la presidencia. César Gaviria. Este ganó las elecciones en 1990, el político iba a tomar el vuelo pero por razones de seguridad desistió a última hora. Entre los muertos hubo tres estadounidenses, por lo que el gobierno americano estuvo detrás de los culpables. El único que paga condena por este crimen es Dandeny Muñoz Mosquera, que paga cadena perpetua en Estados Unidos.

Capítulo 7

Los intentos de negociación de "El Patrón"

"El Patrón" intentó varias veces hacer treguas con el estado colombiano, cuando las cosas estaban álgidas, me cuenta mi hijo que le mandaron a llegar a algunas esferas del poder la intención de hacer tregua con ellos. "El Patrón" decía que se entregaba si a cambio le dejaban su fortuna, las cosas iban por buen camino, pero el presidente Barco se arrepintió.

Fueron varias las veces que este lo intentó, querían negociar su entrega, pero aunque fueron acercamiento que se dieron debajo de la mesa, muchas personas de poder estuvieron al tanto de ellas.

Uno de los hermanos de "El Patrón" se reunió varias veces en un terreno con una tregua temporal, donde intentaban una entrega amistosa a cambio de que la fortuna no se tocará. Todos sabían esto, incluso Estados Unidos, pero el entonces presidente Bush padre bloqueó la tregua.

Según me cuenta mi hijo hubo muchos acercamientos, aunque esto no lo admite el gobierno, incluso borraron el historial de esos documentos que se dieron en esa época. La vergüenza que se tiene actualmente es que esas negociaciones avanzaban luego de que "El Patrón" asesinara a varios candidatos a la presidencia, entre ellos Galán. Ya la sangre había corrido de forma ardua en Colombia, pero Colombia, como siempre, levantándose las faldas, avanzaba en negociar con el mayor psicópata de esta tierra cafetera.

Esto que cuento aquí no es algo que saco de chismes con la intención de que se levante un revuelo, no. Nace de una fuente confiable, incluso de documentos desclasificados del FBI y de la versión que mi hijo me contó entonces.

Aquí habían muchos factores influyendo, por un lado estaba la división dentro del cartel ya que "El Patrón" estaba con su brutal guerra contra el Estado.

"El Patrón" estaba dispuesto a desmantelar toda la organización, quería dejar el narcotráfico pero todo esto a cambio de no ser extraditado, la única exigencia era que el gobierno colombiano permitiera que su familia tuviera su fortuna.

En este proceso incluso "El Patrón" entregó algunos laboratorios y todo parecía que iba a darse con éxito, pero en 1990 Bush padre fue a Cartagena y luego de eso el gobierno colombiano se echó para atrás.

A partir de allí fue que "El Patrón" quien hasta ahora se había mostrado tan inteligente y estratega, ahora era más agresivo, un poco débil, además el pensamiento era menos racional y más errático. Su actuar era como el de una fiera enjaulada e iracunda.

"El Patrón" se dedicó a la guerra de lleno, dejó el negocio a otros quienes manejaban la producción, el traslado y la venta. La conducta de "El Patrón" era más errática y esto le costó muchas amistades ya que aquellos que le visitaban y sabían que eran un narco, ahora con su doble moral no le visitaban.

Ahora "El Patrón" había perdido el control y el círculo de amistades y esto se había reducido a un tercio, producto de las bombas y los asesinatos. Ya la gente de Colombia estaba cansada del miedo, querían que la guerra se acabara. Recuerdo entonces que los colombianos vivían con miedo, si alguien dejaba olvidada una caja o una maleta todos corrían, tenían miedo, creían que era una bomba, pero en todos los casos cuando el escuadrón antibombas venía solo eran objetos olvidados.

La salud de "El Patrón" se vio afectada por todo esto, mi hijo me cuenta que en los últimos tiempos vivía con nerviosismo, estaba más gordo de lo que siempre había sido, se desconcentraba fácilmente, era ansioso y además padecía una gastritis fuerte. Su salud se deterioraba, la persona amable y sociable, el tipo que caía bien, se había ido, era solo un loco, incluso mi hijo le tenía pavor.

Durante los tiempos de persecución aunque habían versiones de que estaba fuera del país y aunque saltó rápidamente a Panamá, siempre se mantuvo en Antioquia, donde le tenían mucho miedo y respeto.

El miedo se extendió a otros colegas del cartel, varios le dieron la espalda, muchos de sus aliados no apoyaron la guerra contra el gobierno por eso varios se entregaron a las autoridades o decían que se irían solos. Con el paso del tiempo "El Patrón" hizo alianza con otros grupos más débiles y algunos llevaron sus operaciones a otros países.

Todo se complicó cuando empezaron a tener problemas con el cartel de Cali, allí todo se fue al diablo. El cartel de Cali negociaba con otros entre esos las Autodefensas del Magdalena Medio, el plan era asesinar a "El Patrón", incluso su cabeza tenía un precio.

Las Autodefensas le tenían el ojo puesto porque el capo de capos le puso en riesgo las operaciones del Magdalena Medio y lo señalan de ser el responsable de muchas muertes y secuestros en contra de miembros de la organización.

El Cartel de Cali pagaba tres millones de dólares por la cabeza de "El Patrón".

Mi hijo me contó que en el 89 "El Patrón" estaba preparando una serie de estrategias para enfrentar al gobierno, todo ante la cacería que se había desatado para capturarlo y mandarlo a Estados Unidos.

"El Patrón" estaba furioso, porque lo iban a mandar preso y lo único que pasaba por su mente era que quería barrer a todo el Cartel de Cali.

Poco antes de la caída del capo una banda atacó uno de los depósitos que tenía, esto afectó una colección de pinturas millonarias así como sus coches antiguos.

Otro intento de entrega

En los medios impresos de 1984 se hablaba de narcotráfico, allanamientos, tratados de extradición, hipótesis por la muerte de Lara Bonilla.

Todo esto pasaba en los medios, a la vez "El Patrón" estaba en el Hotel Marriot con el expresidente Alfonso López para hacerle una propuesta a Belisario Betancur. Cuando la cuestión avanzaba la prensa se enteró y los medios se volcaron a hacer un escándalo al respecto y los colombianos se indignaron.

Esto pasó el 4 de mayo en la tarde. En un encuentro de casi una hora donde participaron López, Santiago Londoño, "El Patrón" y José Ochoa. El expresidente estaba en Panamá como observador en unas elecciones. Los capos estaban escondidos porque en una de sus huidas se fueron en lancha hasta Panamá.

Huían por el asesinato de Lara Bonilla. Fue la única vez que mu hijo visitó Panamá.

En esa época "El Patrón" estaba dispuesto a entregar sus rutas, los laboratorios, las flotas aéreas y hasta sus conexiones de distribución en Estados Unidos. Se querían entregar a la justicia de Colombia a cambio de no ser extraditados.

Prometía que si daban el paso no mandarían un solo gramo más y si lo hacían pues podían extraditarlos. López le llevó el mensaje a Betancur.

Aunque todo marchaba para que se diera un dialogo, se filtró a la prensa la negociación y se armó un escándalo. La polémica fue fuerte y la Casa de Nariño, sede presidencial se echó para atrás. Publicó una declaración donde esa reunión que López hizo fue a espaldas del gobierno y que no la apoyaban en absoluto.

Muchas versiones se han dado de todo este caso, la verdad mi hijo no estuvo en esa reunión, así que me uno a las muchas versiones. Pero todo se cayó como siempre por culpa de la burocracia y las opiniones encontradas.

Cuántas muertes no se hubieran ahorrado si las palabras de "El Patrón" se hubieran escuchado antes. El capo era un criminal, de eso no hay duda, pero muchos de sus crímenes sucedieron por no ser escuchado y por la corrupción tan grande que había en las autoridades colombianas.

Pero ya qué remedio, la historia no se puede cambiar.

CAPÍTULO 8

LA NARCOPOLÍTICA DE "EL PATRÓN"

L A POLÍTICA NO FUE sinónimo de "El Patrón" solo cuando este se hizo senador. También hubo mucho dinero del narcotráfico que cayó en manos de políticos como el entonces senador Álvaro Uribe Vélez.

Esto sucedió en 1990 donde varios políticos se beneficiaron con el capo. Varias campañas se financiaron y varios senadores ganaron el 4 de abril de 1990, gracias al dinero que se puso.

El congreso que se eligió el 11 de marzo de 1990 fue el primero luego de la muerte de Luis Carlos Galán, en Antioquia varios senadores ganaron un puesto. Todos ellos pertenecían al Partido Liberal y las campañas fueron asistidas por hombres de "El Patrón". Por esa época llegaba al fin el mandato de Virgilio Barco Vargas.

En el año 1982 "El Patrón" ganó un puesto como suplente en la Cámara, bajo el ala de Jairo Ortega Ramírez, con un movimiento conocido como Alternativa Liberal que tuvo muchas afinidades ideológicas con el Nuevo Liberalismo liderado por Galán. Este al ver que había algo raro con "El Patrón", decidió sacudirlo y decir en plena ciudad natal del capo que no tenía ningún nexo con sus ideologías y que jamás le apoyaría políticamente porque él era honesto.

En el 83 el capo perdió su inmunidad parlamentaria.

Uno de los hombres de confianza de "El Patrón" era representante a la cámara. Era leal al capo porque su puesto se había logrado gracias a los más de diez millones financiados en la campaña.

Es por eso que en varias ocasiones cuando se preparaban operativos para atrapar a "El Patrón" el político avisaba y cuando llegaban a atraparlo solo conseguían caletas vacías.

Es increíble cómo la historia ha tachado la información de los políticos que llegaron a su escaño gracias a "El Patrón", pero muchos no cuentan con mi historia, a mí no me callan, los políticos corruptos que llegaron a ese puesto gracias al capo de capos fueron:

· Álvaro Uribe Vélez, por el sector democrático.

· Armando Estrada Villa, Bernardo Guerra Serna y Darío Londoño Cardona, del Directorio Liberal de Antioquia.

· Federico Estrada Vélez por el sector conocido como Federiquismo.

· William Jaramillo Gómez, por el sector del Jaramillismo.

Asimismo hubo otros que también ganaron en esa época, representando diversos sectores del Partido Liberal:

· Alberto Agudelo Solís, Jaime Henríquez, Gallo y León Arango Paucar, del Directorio Liberal de Antioquia.

· Alberto Díaz Muñoz y Mario Uribe Escobar del sector Democrático.

· César Augusto Pérez García, de Convergencia Liberal.

· Silvia Mejía Duque del Nuevo Liberalismo, en el sector de Galán.

De este último no estoy seguro sí en realidad era o no un corrupto de "El Patrón".

Por entonces se veía que muchos políticos gastaban mucho en las campañas, se hablaba mucho de ello, pero como siempre que se está en campaña cada candidato se saca trapos al sol y la información no pasaba de una nota de prensa o un par de minutos en un noticiero.

Fueron muchas las horas que se invirtieron en el trabajo de darle cacería al capo y la información que recabaron en las muchas llamadas pinchadas. Dentro de esas llamadas hubo las que hicieron a los políticos de entonces.

En esas llamadas "El Patrón" siempre hablaba con sus hombres, pedía informes, hacía recomendaciones, hablaba de seguridad, llamaba a algunos políticos antioqueños, les recordaba sus aportes:

«Acuérdese que yo le colaboro con dinero cuando me lo pide, doctor».

Dentro de las muchas conversaciones que se dieron por entonces hay una memorable que se dio entre un senador y el capo:

«Necesito que me haga nombrar a un muchacho médico como subdirector de uno de los hospitales de la ciudad. Recuerde usted que la campaña la hizo con mi plata. Démele de inmediato el trabajo a ese muchacho».

«Sí señor, cómo no. Tranquilo que será nombrado de inmediato, esto está hecho. No se preocupe».

«Bueno. Espero rápido ese nombramiento».

El plan era poner a Conrado Antonio Prisco, familia de una de las bandas de sicarios que cometieron muchos crímenes por contrato de "El Patrón".

Aunque esto no tuvo mucha suerte, porque este médico fue secuestrado el 16 de febrero de 1991 y el cuerpo fue hallado sin vida en una calle del municipio de Cocorná, de acuerdo con lo que supe entonces, al momento de su muerte estaba en el Instituto Metropolitano de Salud, Metrosalud. Quince días después de la muerte había sido promovido a la Unidad de Capacitación de Enfermedades Diarreicas del Hospital San Vicente de Paúl. La muerte de este médico hizo parte de la respuesta a la guerra que declaró el Cartel de Cali al cartel que lideraba "El Patrón".

Por entonces el cartel estaba fragmentado por la guerra cruda. "El Patrón" tenía alianzas con otros grupos más pequeños y tenía operaciones fuera de Colombia.

En esa época "El Patrón" se reunió con varios políticos en restaurantes exclusivos. Esto era una pista para las autoridades porque estaban atentos a ver qué movimiento grande se daba en estos restaurantes para intentar atrapar al capo.

Lo que querían las autoridades era ver el aumento de las actividades y reconocer a los mensajeros de alimentos o los guardaespaldas, quienes podían ser seguidos hasta el escondite.

Aunque fue necesario más que esta simple estrategia para dar con las muchas caletas de "El Patrón" y acabar con todo el cartel que tanto daño le hizo a la nación.

No importa el trabajo que hizo con las muchas campañas que financió, ni las estrategias, ni los policías que mató, no importó nada. Finalmente el capo de capos cayó con una muerte bastante benévola para todo lo que hizo ese psicópata.

Capítulo 9

Excentricidad e historias que no sabías de "El Patrón"

A MADO Y ODIADO POR muchos. Yo lo odio, lo haré hasta el último día de mi vida. Mi hijo lo amaba, lo amó hasta su último aliento. Las calles de Colombia aún lo aman y lo odian. Se venden franelas con su cara impresa y la gente las compra. Familias enteras lloran por los familiares que murieron por bombazos que cargó con civiles y objetivos.

"El Patrón" sin duda alguna es un personaje de la historia. Como alimento para esas personas a las que les gusta este tema. Basándome en lo que me contó mi hijo, comparto su vida, desmitifico muchas de sus historias y cuento varias de sus excentricidades.

Así era "El Patrón" en la intimidad

Ya todos sabemos que este hombre fue poderoso en el mundo de la droga y en Colombia. No de gratis tuvo que meter la mano la DEA y el Cartel de Cali para poderlo cerca y matar.

Su vida es toda una dicotomía, por una parte un hombre rudo y cruel, totalmente despiadado, dirigió con una violencia sin límite el cartel de droga más grande del mundo. Por otro lado se ve a un hombre de familia, que ayudaba a la gente, se ganaba fácilmente el cariño de las personas y muchos pobres fueron ayudados por él.

Este hombre fue bastante normal en su vida diaria en el hogar. Era un padre amoroso, disfrutaba con sus hijos, jugaba con ellos. Era pues, el ejemplo de padre.

Sus consejos eran únicos, muchas veces le dijo a su hijo:

«Valiente es aquel que no prueba las drogas».

Porque "El Patrón" vendía drogas pero no las consumía, salvo marihuana.

No tomaba bebidas alcohólicas, tenía en su bodega cervezas sin alcohol, en las madrugadas se sentaba a pensar ya fumar un porro, pero hasta ahí.

Algo que odiaba este hombre era a la gente maleducada, tenía buenos modales, nunca dejaba de decir "por favor" y "gracias", trataba a todas las personas con mucho respeto.

En la intimidad era muy consentidor con sus hijos, contaba historias a sus hijos cada noche, les cantaba canciones de Topo Gigio. En la memoria de su hijo el olor que más lo relaciona era el de la remolacha, ya que comía mucha entonces varias veces le sintió el olor.

Por muchos años este hombre fue el más buscado del mundo, especialmente por Estados Unidos, sin embargo, el capo llegó a Estados Unidos como cualquier turista y para más compón se tomó una foto con la Casa Blanca de fondo.

Según leí que contó su hijo, este hombre llegaba a Estados Unidos y gastaba en exceso, le daba diez mil dólares a cada uno y la orden era que se gastaran hasta el último dólar. Una vez llegaron al aeropuerto y habían más limosinas que personas, el hijo de él se fue solo en una viendo Tom y Jerry y bebiendo malteada de chocolate.

La famosa foto de "El Patrón" con su hijo y la Casa Blanca era la preferida del capo, la tuvo enmarcada en muchos sitios, cuando llegaban las autoridades ellos salían corriendo y lo primero que cogía "El Patrón" era el cuadrito, así estuvo presente en muchas caletas e incluso en la cárcel que construyó a su medida.

Este hecho mostraba, además de tener a su hijo al lado, el lujo de haberse tomado una foto en la tierra que lo buscaba, fue una hazaña.

El declive del poder

Cuando "El Patrón" cayó muerto en diciembre de 1993, justo un día después de cumplir 44 años, casi todo lo que había creado cayó con él. Las autoridades tomaron Nápoles, muchos animales murieron, muchos dinosaurios fueron perforados, le vino el declive y el abandono a muchas de sus propiedades.

Sus hipopótamos sí sobrevivieron y sobrevivieron, hoy hay casi 40 ejemplares que nacieron a partir de los hipopótamos originales. Esto los convirtió en la mayor manada fuera de África.

Excentricidades

Estas son algunas de las excentricidades que el círculo de "El Patrón" tenía:

El servicio doméstico

Todas las mujeres del servicio doméstico en la hacienda Nápoles usaban ropa diseñada para ellas. Les hacían manicura y pedicura así como cursos de automaquillaje. Todo esto por parte de la mujer de "El Patrón" quien también recibía su servicio de maquillaje y peluquería a diario.

Las flores del penthouse

El edificio Mónaco era otra de las propiedades preciosas de "El Patrón", contaba con un penthouse de 1700 metros cuadrados. Las flores decoraban la inmensa propiedad y eran llevadas a Medellín desde Bogotá, desde un avión privado. Esto lo hacían todos los días.

Las fiestas de Año Nuevo

Cada que la familia de "El Patrón" celebraba el fin de año en la hacienda Nápoles, se ordenaba la importación de inmensas cantidades de pólvora y fuegos artificiales que costaban 50 mil dólares cada uno.

"El Patrón" le regalaba la mitad a los hombres y la otra mitad era para la familia. Según me dijo mi hijo mucha de esa se quedaba en cajas sin abrir porque era tanta que no daba tiempo de quemarla.

Sin prurito alguno, mi hijo me cuenta que las fiestas de "El Patrón" eran increíbles, cuando no eran las de año nuevo, eran las que hacían en lugares nocturnos, especialmente en discotecas.

Muchas celebraciones no eran preparadas, sino que se convocaban repentinamente, pese al alto riesgo que tenía este tipo de celebraciones, eran muchas las figuras de la elite que iban entre ellos policías y políticos.

A veces la fiesta pasaba de una discoteca a una de las fincas, se montaban en una avioneta y terminaban rumbeando por varios días.

Las fiestas eran raras de por sí, celebraban por cualquier cosa. En una de esas fiestas una vez rifaron a una mujer sueca que tenía poco en el país. Todos participaron y uno se la llevó, desconozco la suerte de esa mujer.

Por supuesto en estas fiestas no faltaba el licor, la droga y las muchachita vírgenes que terminaban en orgias monumentales donde hasta los más recatados terminaban envueltos en piernas juveniles de muchachitas que buscaban lo que no se les había perdido.

Muchos valoraban al capo como el villano más grande de todos. Otros lo vieron como un gran político. No de gratis este hombre quiso ser presidente.

Este hombre, el monstruo que relato en estas páginas, fue alguien de carne y hueso, una persona que sintió, soñó y luchó. Hizo cosas buenas, aunque las malas tapan todo lo que pudo hacer de bien.

Estas son algunas de las cosas que hizo este hombre y que no se nombra tanto en las páginas que lo citan:

Su primer trabajo

De joven trabajó junto a su primo robando lápidas en los cementerios para vender el material después. Esto fue temporal porque luego se dedicó al negocio de los autos robados.

Catalogado como un "superhéroe"

Se dedicó a labores sociales en los barrios pobres, por lo mismo mucha gente le tenía respeto y cariño. Todo esto está muy bien, pero dónde queda que muchos favorecidos tuvimos que darle nuestros hijos para que se unieran a sus filas de terror.

Este hombre era llamado Robin Hood del pueblo. Cumplía su palabra, puso canchas de futbol, pintó escuelas, donó dinero a hospitales.

Su amor por "El chavo del 8"

"El Patrón" le ofreció millones al elenco de El Chavo del 8 para que fueran a sus fiestas. Carlos Villagrán que interpretó a Kiko dijo que les ofrecía un millón de dólares a cada uno, pero que él lo rechazó, pero El Chavo sí fue.

Pero mi hijo me cuenta que una vez fueron todos. Los trataron como reyes desde que pisaron Colombia. Vinieron con mucho sigilo y en el mayor de los anonimatos para no causar escándalos.

Bandas

Me cuenta mi hijo que cada mes gastaban más o menos 2500 dólares en bandas para atar y almacenar el dinero.

Dinero

Se dice que en una ocasión incendió dos millones de dólares para su hija que padecía hipotermia, lo hizo para que entrara en calor.

Sin duda era toda una vida excéntrica.

Capítulo 10

"El Patrón" genio y criminal

Era un hombre trabajador, amoroso con la esposa, con los amigos, incluso con las prostitutas que traía, con las muchachitas vírgenes, con las modelos. A todas las trataba con mucho amor en la intimidad.

Ya te conté que este hombre donó muchas obras, algunas sin esperar nada a cambio, solo la daba para el pueblo y ya. Le dio dinero a mucha gente enferma que necesitaba para operaciones. También era un criminal que mataba a cualquiera sin contemplación alguna.

Es complejo comprender la mente de "El Patrón", pero para intentar hacerlo toca ir a sus inicios, en su desarrollo temprano y juvenil.

Su madre, la alcahueta esa que le permitió tanto, era una maestra rural y su padre un administrador de fincas. Empezó en actividades delictivas robando vehículos y entró en el contrabando. Pero el problema comenzó con su madre que era demasiado permisiva y no le cortó las alas a tiempo sino que lo consintió.

Eso a lo largo de toda su vida e incluso después de su muerte.

Una vez, cuando "El Patrón" mataba policías ella estaba preocupada por lo que hacía, pero no tanto por el delito en sí, sino porque estaba gastando mucha platica.

La mujer tenía su oscuridad ahí.

La mente de Pablo Escobar se destruyó desde joven

Cuando tenía 21 años ya tenía una organización criminal que se componía por sus más fieles seguidores. Entonces comenzaba a cometer delitos y a la vez a ayudar a las personas de su comunidad.

Era algo con dos polos, por un lado ayudaba y por el otro delinquía. Sin duda alguna este hombre tenía un trastorno de personalidad. Estos años he dedicado a leer libros de psicología y a entender las diversas personalidades para dar con la manera de actuar de este criminal. Puedo deducir que él tenía fracaso para adaptarse a las normas sociales, era deshonesto, mentiroso compulsivo, usaba alias, estafaba a otros en beneficio personal.

Era alguien irritable, agresivo, no tenía remordimientos, maltratar a otros se le hacía indiferente. Todo esto marcaba al hombre malo.

¿La otra cara?

Alguien cívico, humanitario, incondicional con los suyos, amable, educado, colaborador.

Dos polos distintos, sin duda alguna.

¿Cómo explicar estas dos personalidades?

Una explicación que he sacado estos años es que este hombre se formó en dos realidades donde había un deseo inmenso de poder y a su vez un deseo de ayudar a los más necesitados. Esto lo caracterizó toda su vida.

También está la teoría de que era solo un deseo de narcisismo y unas ganas inmensas de poder. Por eso algunos especialistas lo llaman psicópata, una de las características es la de tener anestesia afectiva, no sienten culpa.

La emoción que "El Patrón" sentía era cólera, ira o tristeza, cuando las cosas no salían como él quería, por eso lo catalogan también como un loco moral o un loco sin delirio. Pues tenía la capacidad de juicio conservada. Podía diferencia el bien y el mal, pero no le importaba ese límite, le daba igual.

Capítulo 11

La guerra de los carteles

E L CARTEL DE CALI era lo que podría decirse una cooperativa de doce o más grupos de traficantes. Su jerarquía d mando era más firme que la de "El Patrón", trabajaban de un modo más empresarial y procuraban no llamar la atención de las autoridades.

A finales de los ochenta, Colombia enfrentaba una lucha fratricida, los carteles de "El Patrón" y el de Cali se enfrentaban sin tregua y llenaban las calles de bombas y terror. Las autoridades intentaban parar esta ola de crímenes y parar el tráfico de drogas hacia las principales ciudades del mundo.

En 1989 fue asesinado el político liberal Luis Carlos Galán, el favorito en las encuestas para ser presidente. Luego de eso se desplegaron cientos de allanamientos y se detuvo a diez mil personas, mientras tanto desde Estados Unidos ofrecían envías tropas, esto por la inquietud que veían en el poder de las guerrillas de izquierda y las bandas de derecha. Ambas empezaban a aliarse con los narcos.

"El Patrón" en esos días advirtió que morirían diez jueces por cada extraditado a Estados Unidos. Por entonces un embajador gringo puso más candela cuando mostró a doce senadores y diputados vinculados al narcotráfico, dijo que todo el que haga política, de manera directa o indirecta, ha recibido ayudar de los narcos y muchos se han sentado junto a algunos en los clubes nocturnos.

Fue por esa época que "El Patrón" puso la bomba con toneladas de dinamita en Bogotá haciendo estallar el edificio del DAS dejando una inmensa cantidad de muertos y más de mil heridos. Muchos autos destruidos y un edificio de doce pisos en ruinas.

De 1985 a 1990, la ciudad natal de "El Patrón", con 2,2 millones de habitantes, tuvo más de 23 mil asesinatos. En 1990 se registraban 20 muertes diarias por armas de fuego. Solo entre abril y agosto asesinaron a más de mil jóvenes y 300 policías. La sangre era un río que aumentaba su caudal cada día.

"El Patrón" comenzaba a perder la batalla con el cartel de Cali. Estos últimos comenzaban a ganar terreno en los mercados internacionales de la cocaína.

Los de Cali habían logrado establecer acuerdos con las mafias italianas para tener rutas en España, Portugal, Países Bajos, Checoslovaquia y Polonia. La DEA calcula que en 1990 entraron 180 toneladas de cocaína a Europa.

Interpol explicaba el interés de los colombianos por mandar droga a Europa: en 1990 un kilo de cocaína costaba entre 11 y 23 mil dólares en Estados Unidos. Costaba entre 27 y 35 mil en España y entre 41 y 94 mil dólares en Alemania.

El cartel de Cali tomaba poder y mucho dinero. Muchos hombres en todo el mundo en forma de células dormidas.

Esto de las células me lo explicó mi hijo una vez: los miembros de una célula no saben lo que hacen los integrantes de otra, cada uno tiene tareas asignadas. El cartel manda a alguien a un sitio y le hace abrir un negocio legal. Esa persona se queda ahí y espera su misión.

Estas personas son normales, deben pararse en la mañana, acomodarse, salir, saludar al vecino si lo ven, subirse al coche, ir al trabajo, sortear el tráfico, atender el negocio legal, cortar el césped los fines de semana, hacer un asado y beber cerveza con los amigos vecinos.

Personas comunes y corrientes que esperan tener un plan de pensiones y conocer nietos.

Todo es así hasta que en algún momento el negocio va a servir para contrabandear drogas o blanquear dinero. Son una especie de agentes secretos, a veces pasan hasta diez años en la organización antes de empezar a actuar.

Dignos de una película estadounidense, solo que es real.

El cartel de Cali no usaba aviones y lanchas como hacía "El Patrón", ellos eran más lentos en su trabajo, usaban embarques de café, chocolates, madera y frutas. La estructura de ventas estaba cuidadosamente controlada, así evitaban que llegaran informantes.

Los compradores debían ser aprobados con mucho detalles y tenían que mostrar una buena suma de dinero antes.

"El Patrón" era el capitalista salvaje, con un ejército propio y con personalidad de ser el dueño del país. El cartel de Cali, un gerente moderno, se acomoda en el poder político y busca operar cauteloso con las mafias, sin meterse con nadie, sin hacer violencia innecesaria.

Una fuga y dos versiones

A mediados de 1991 el presidente colombiano César Gaviria, que ganó en 1990 y gobernó hasta 1994, dijo que la guerra o se ganaba o se perdía, entonces creó un sistema especial de jueces sin rostro que protegidos de amenazas ejercieran en paz.

También le ofreció a los narcos rebajar las penas si se entregaban y también les prometió que no los extraditaría. Solo tenían que entregarse, confesar crímenes, y devolver ganancias mal habidas.

En 1991 "El Patrón" acepta esta oferta y se entrega a la justicia con 14 de sus principales hombres, pero pone como condición que lo lleven a su cárcel personal, esta se ubicaba en Envigado, en su localidad natal.

La opinión de entonces estalla, unos creen que se cedió a los caprichos de los criminales y otros la toman como una salida para terminar con tanta masacre. Estados Unidos, por su parte decide aumentar la presión, en una investigación del Senado se denuncia en la isla caribeña de Antigua, que mercenarios británicos e israelíes han entrenado a los soldados del cartel. Esto lo dicen porque si bien recuerdas en su momento estuvo Yair, el israelí.

Un año después, el 22 de julio de 1992, tras pagar una suma de millón y medio de dólares, "El Patrón" escapa de su propia cárcel y elude un cerco de policías y militares. El motivo del escape es porque lo llevaban a una cárcel real, ya que él vivía como rey en su propia casa cárcel, pero lo peor de todo era que entraba y salía cuando quería.

Luego de escapar se pierde en la selva junto con todos sus hombres.

Dentro de las hipótesis está que el ejército norteamericano quería llevárselo a Estados Unidos, la otra que era una rebelión del segundo mando que había quedado a cargo del cartel. Independientemente de eso, al día siguiente llaman del cartel a Radio Caracol y dicen:

«La guerra ahora será a fondo, contra nuestros enemigos de Cali y contra los altos dignatarios del gobierno».

Cientos de motos con sicarios se echaron a las calles a cazar policías. Mientras se mataban policías, "Los Pepes", grupo que nació con "El Patrón" pero ahora eran perseguidos, también hacían su parte y ofrecían sumas altas por los lugartenientes del capo de capos.

Fueron cientos los asesinatos en el año 1993.

Acabando todo cuando mataron a "El Patrón". No se suicidó, lo mataron, muy rápido para mi gusto.

La sacó barata.

Llegaba a su fin uno de los momentos más duros de la guerra de Colombia. Ahora Colombia entraba en una etapa de dispersión, al menos en la ciudad natal de "El Patrón".

El cartel de Cali, aunque algo afectado mantenía sus operaciones y estructura en pie. Mientras los carteles de Cali y Medellín peleaban, nacían otros carteles: el de la Costa, de Bogotá, de Pereira y Villavicencio.

Luego del mandato de Gaviria, asumió Samper, este un año después fue acusado de haber recibido dinero del cartel de Cali. El tema se complicó cuando se vio al jefe de la Policía a cargo de las fuerzas que estaban encargadas de derribar al cartel de Cali, en un motel, en brazos de una mujer que era infiltrada en la agrupación mafiosa.

Poco después el Cartel de Cali cayó, aunque siguió delinquiendo y extendiendo sus tentáculos. Muchos políticos untados, muchos militares con las manos sucias, mucha corrupción.

Es difícil combatir así.

Aún hoy, siglo XXI, esto sigue sucediendo y seguirá quién sabe por cuánto tiempo más.

Capítulo 12

Confesiones de "El Patrón"

M I HIJO ERA MANO derecha de "El Patrón", por eso en muchas
noches la pasaron juntos, hablando por horas y compartiendo
todo tipo de historias. Habían forjado una especie de amistad o una
relación padre hijo, aunque me duela decir esto, sucedía. Mi hijo hablaba
del capo como si se refiriera a un padre del cual se siente orgulloso.

Esas reuniones servían para que "El Patrón" le confesara muchas historias
de su vida que jamás salieron a la luz, comparto lo que mi memoria de
anciano aún recuerda:

«Tenía doce años cumplidos cuando una mañana descubrí que por mis
venas corría la sangre fría. Era un jueves, parecía como cualquier otro,
pero no, ese momento me cambió la vida para siempre. Salía del colegio
y vi a dos hombres enfrentándose a muerte con machete en mano cada
uno, los golpes iban y venían sin atinar, pero uno de ellos resbaló y el otro
aprovechó para clavar el arma en la yugular.

La sangre salía a borbotones. La gente se escondía horrorizada, se oían
llantos a lo lejos. Yo no corrí. La sangre me fascinó, me quedé viendo al
hombre hasta que falleció, del victimario no había rastro.

Allí estaba la lámina metálica del machete, teñida de escarlata, yo la veía
desde mis inocentes ojos. Momentos antes de huir, el asesino tenía en la

mano el machete, le temblaba, en un momento determinado nuestras miradas se encontraron, no me quitó la vista de encima, fueron unos segundos eternos.

Yo que me quedé viéndolo hasta que escapó.

Me fui a paso lento, despacio, hasta la casa. Esa fue la forma en la que perdí mi inocencia y nací para el mundo que me tocó vivir. No el que mi madre me creó sino el que vi en la calle y en lo más profundo de lo que me tocó enfrentar con muchos enemigos como las autoridades podridas que solo calumnian».

Esto sin duda cambió para siempre a "El Patrón". A lo mejor ahí nació el mal, eso solo lo sabrá Dios y la Virgen.

Mi hijo me contó también sobre la primera misión que le mandó a hacer el capo, no era muy emocionante, tuvo que llevar a una muchacha a una casa lujosa construida en una montaña por el valle de Aburrá en el oriente, el lado moderno de la ciudad, un sitio exclusivo. Era el barrio El Poblado, mientras ascendía veía el otro lado de la montaña, la tierra donde estaba yo, donde él había nacido, donde mi hijo se hizo matón. La escuela de sicarios más brava de Colombia.

Como era la primera vez, la muchacha le decía a mi hijo por dónde cruzar, a él no le importaba lo que ella iba a hacer, mi hijo no sabe a qué iba ella a esa zona, pero al ver por el retrovisor no le costó deducirlo, era una muchacha hermosa y sensual, con un escote llamativo y una blusa de tela fina. La mujer era de modales finos, se le veía el estrato. Ella era la Reina Nacional de Ganadería.

Para mi muchacho esa mujer era como muchas otras que metió a la cama, aunque por un tiempo fue en cierto modo su patrona porque la tenía que llevar y traer.

Una de las veces que lo llevó le ordenaron que tenía que esperarla, se apostó por ahí, sentado, viendo la vida pasar, hasta que vio que desde el interior apareció "El Patrón", se acercó hasta él, lo miró, reconoció quién era y mirándolo a los ojos le dijo:

«¿Qué hace usted aquí?».

«Estoy esperando a la señorita XXXX, la que entró ahorita».

Él sonrió levemente, casi imperceptible, dio media vuelta y se metió a la casa sin decir más nada.

Seguramente le causó gracia que llamara señorita a una de las muñecas de la mafia, porque de eso bastante poco. La idea es que hubo una pequeña conexión entre los dos.

Mi hijo por un tiempo tuvo que trabajar de chofer de la muchacha esta, conoció varias caletas que no había conocido aún ya que no se había ganado la confianza de "El Patrón". La relación entre esa muchacha y el capo duró dos años, con eso le sacó apartamento, carro y billete.

Ese mismo tiempo le tomó a mi hijo hacerse íntimo de "El Patrón" y hacerse un matón de alto calibre. Parece que escribiera esto con orgullo, pero no, hubiera preferido un hijo mediocre y fracasado a uno emprendedor que dedicara su talento a matar personas.

Cuando mi hijo aceptó el trabajo de "El Patrón" sin dudarlo, comenzó a cambiar su vida, de forma simple pero sin detenerse. El pobre no comprendía las consecuencias que traería su decisión, menos que acababa de escribir su fatalidad.

En una ocasión la muchacha que llevaba y traía venía en un helicóptero con "El Patrón", este aparato falló y comenzó a precipitarse a tierra, terminó en un árbol frondoso mientras sus ocupantes fueron expulsados y cayeron en un lodazal.

"El Patrón" no sufrió ni un rasguño, nada, así fue toda su vida, un afortunado que pasara lo que pasara ni un chichón se llevaba. Fue un hombre con más vidas que un gato.

El piloto por su parte si quedó mal herido y uno de los guardaespaldas se le abrió el fémur, la modelo tuvo un brazo partido, para suerte de todos siempre que "El Patrón" viajaba llevaba atrás una flotilla, en esta recogieron a los heridos y los llevaron a una clínica de la ciudad.

La modelo fue varias veces a ver a "El Patrón", pero con un yeso era menos sexy, la relación se acabó y de inmediato mi hijo se hizo íntimo del capo.

Allí empezó el mal que por años se mantuvo y murió poco antes que "El Patrón".

Capítulo 13

El día que "El Patrón" amenazó a cinco árbitros argentinos

HAY UNA TRAMA POCO conocida del día en el que "El Patrón" amenazó de muerte a unos árbitros argentinos. Los hizo ver de cerca la muerte, esto fue justo antes de la final de Libertadores en 1989.

Como siempre, cada que los árbitros extranjeros llegaban a Medellín, Octavio Sierra, un referí colombiano los buscaba en el aeropuerto y los llevaba al hotel que le habían dado a los deportistas.

Era mayo de 1989, el paisaje desde el aeropuerto hasta la ciudad era hermoso, un cielo azul despejado y unos valles que parecían pintados en la ciudad de la eterna primavera. Las flores se movían al ritmo del viento, felices y coloridas. Las estribaciones de la montaña parecían brazos íntimos y cercanos que abrazaba a sus habitantes.

Los árbitros argentinos venían en un auto, contemplando esta belleza, orgullosos de tener el honor de formar parte de un partido en las semifinales de la Copa Libertadores de América en 1989.

El juego habría de dirimirlo el Club Atlético Nacional de Medellín que es uno de los grandes de la ciudad y Danubio Fútbol Club de Montevideo.

Era un segundo juego, pues en la ida habían quedado en 0-0 en el estadio Centenario. El que ganara en este partido iba a la final.

«Vean, ahí en ese sitio, ahorcaron a un línea, sí, fue algo horrible». Dijo Octavio con el rostro afligido.

Los árbitros miraron el lugar, cada uno imaginando en su mente lo sucedido.

Un poco más adelante, cerca del casco céntrico de la ciudad Octavio les mira de nuevo y les dice con el rostro triste:

«Ahí mismo donde están viendo, allí está el monolito de un referí que mataron luego de un partido de Antioquia. Sagrado rostro, qué barbaridad la locura que vivimos aquí.

Todos los árbitros estaban con los rostros pálidos.

Abel Gneco, uno de los árbitros le dijo a Octavio:

«Escuchame, che, no digás a quién mataron, ni dónde ¿me oíste? Llevanos al hotel y se acabó ¿me entendiste, pibe? No digás más nada».

Este hombre había ido varias veces porque era muy bueno, con unas grandes condiciones para ejercer. Muchas veces había ido a dirigir a Colombia, especialmente por la Dimayor que es la División Mayor de Fútbol Colombiano. Aunque como él siempre iban otros árbitros argentinos para encuentros de fútbol de gran voltaje.

Finalmente llegaron al hotel, ya caía la noche en la ciudad, el juego sería al día siguiente. Se instalaron, acomodaron sus cosas, bajaron a beber algo y buscaron donde cenar para luego ir a dormir temprano.

«Les recomiendo que no salgan del hotel esta noche», les aconsejó Octavio.

«¿Es por qué?» preguntó Juan Bava, otro de los jueces del grupo, formaba parte de los árbitros principales.

«Verás, aquí la gente está de fiesta desde ahora, no faltará el que beba de más, hay mucha euforia, incluso mañana es un día de asueto, el público anda en las calles no me gustaría que los insultaran o que pasaran un mal momento».

«De acuerdo» dijo Carlos Espósito, el prestigioso juez del partido. «Entonces nos quedamos a comer en el hotel».

Los otros hombres estuvieron de acuerdo y todos se quedaron a comer en el hotel y no salieron para no arriesgarse.

Antes de la medianoche, tras una cordial sobremesa, todos se fueron a descansar, tenían una habitación compartida que era una especie de inmensa suite.

En la madrugada tres jóvenes, entre esos mi hijo, con ametralladora en mano y con el rostro cubierto y un hombre de unos 40 años entraron a la habitación gritando que era un allanamiento de la policía.

«Quietos todos y tranquilitos. Quiero que me escuchen bien. Hay 50 mil dólares para cada uno, tiene que ganar el Nacional ¿escucharon bien? Venimos cumpliendo órdenes. Ustedes tienen un precio acá y otro en Argentina o donde sea que se vayan. Sus cabezas tienen precio ¿Me entienden bien? El Nacional tiene que ganar ¿cuál de ustedes es el maldito referí?». Dijo el hombre cuarentón.

«Soy yo, yo soy el árbitro» respondió Espósito apoyando los lumbares en la cabecera de la cama. A su vez Bava estaba en el piso, oyendo y en silencio.

Tras oír los gritos de amenazas apareció Gnecco desde la otra habitación e intentó calmar todo «Bajen las armas, muchachos, se los pido por favor, vamos a serenarnos todos. Decile Flaco, decile al señor quienes somos». Esto diciéndole a Espósito que hablara, este andaba nervioso y no articulaba palabra alguna.

Con el silencio instalado Gnecco miró al hombre y le dijo «Mire, señor, nosotros somos árbitros, no venimos a afectar a nadie, vamos a jugar un partido con serenidad, cálmese, baje las armas, por favor».

Los hombres repitieron las amenazas y se fueron, no sin antes arrancar los cables del teléfono de la pared y en el pasillo gritar «O gana Nacional o se pueden dar por muertos». Gnecco con una valentía total se asomó a la puerta y les gritó «Vayan tranquilos...», luego desde el fondo del alma le salió una frase que llegó clara a los oídos de mi hijo:

«¡Viva Perón!».

La primera reacción de todos cuando esto pasó fue de terror:

Espósito:

«Vámonos a la mierda, pidamos un taxi y rajemos».

Juan Bava:

«Llamemos por teléfono y contemos todo para que nos ayuden».

Espósito:

«Vamos a la policía y pongamos la denuncia por intento de soborno».

Juan Bava:

«Llamá al embajador o al cónsul, llamemos a la embajada».

Gnecco los intentó calmar y buscó darle lógica a todo:

«Tranquilos todos, vamos a tranquilizarnos. Todo lo que vayamos a hacer aquí, estos tipos lo van a saber, vamos a jugar el partido, no hablemos con más nadie, dejemos eso para cuando salgamos de acá. Todo queda ahora en manos de Dios, haremos su voluntad. Somos decentes y estamos protegidos por Él».

Juan Bava, le respondió:

«Escuchame bien, Flaco, dirigiéndose a Espósito, vos hacés lo que querás, pero sí a los diez minutos el equipo de acá no gana dos goles a cero yo tiro el banderín a la mierda, me meto a la cancha y hago un gol de cabeza ¿Me escuchaste? Tengo dos nenes para criar».

A la mañana siguiente fueron llevados en auto en camino al estadio Atanasio Girardot, este los dejó a más de un kilómetro y tuvieron que ir a pie, con traje bajo el sol paisa. Iban entre la multitud para ser fácilmente identificados y amenazados a cada paso.

Cuando llegaron al camerino vieron que había una corona de flores en la pared y un crucifijo con tres velas. Una para cada uno si no ganaba el Atlético Nacional de Medellín.

Antes de acabar el primer tiempo el Nacional tenía 3 goles a 0 y al final ganaron con un 6 a 0, goles hechos desde 40 metros atrás, otros por insólitos errores defensivos de un equipo que estaba destinado a ganar.

Oficialmente "El Patrón" nunca se declaró hincha de ningún equipo, pero en la intimidad era afín al Nacional. En esa ocasión obviamente abogó por que este ganara, el plan era que esto formara parte de su plan "Medellín sin tugurios" además de distinguirse por sobre el Cartel de Cali.

Aunque también se maneja la teoría de que el otro equipo recibió una suma de 500 mil dólares para dejarse ganar. Esto es algo que no se ha comprobado, incluso mi hijo tampoco lo supo, porque unos decían que sí y otros que no.

Con lo que he visto a estas alturas, no me parece extraño que ese psicópata haya pagado hasta al mismo Dios por dejar ganar a quien quiera dejar ganar.

«¿Cómo andas Juan?» pregunta Loustau a Bava cvuando ya han regresado a su tierra.

«¿Sabés una cosa?»

«Decime».

«Me acaban de designar para dirigir el segundo partido entre el Nacional y el Olimpia en Colombia».

«Ah, pará, pará, tenemos que hablar. ¿Dónde andás?».

Los dos hombres se reunieron en el café al lado de la AFA y comenzaron a conversar sobre lo terrible que pasaron en Colombia con las amenazas.

Julio Gondrona, cuando leyó el informe que se puso en la secretaría de la AFA especialmente en lo que sucedió, pidió que no se hiciera público lo que ponían en riesgo. Era su vida no los resultados.

Actuaron rápidamente, hicieron que todo Comité Ejecutivo de la Confederación Sudamericana viajara a Colombia para presenciar el último encuentro y que todos los integrantes fueran testigos directos del partido. Esto logró que Nacional pasara su localidad de Medellín a Bogotá "por cuestiones de capacidad". Se designó a Juan Carlos Loustau, Francisco Lamolina y Jorge Romero para dirigir el partido. Un lujo digno de una final tan difícil y con muchos intereses periféricos en juego.

Olimpia de Paraguay, había ganado el partido de ida en el Defensores del Chaco por 2 a 0, se fueron a Cali, la ciudad que competía con "El Patrón".

Se sostuvo que le dieron respaldo logístico al club paraguayo presidido por el gran empresario Osvaldo Domínguez, los hermanos del cartel de Cali, todos ellos pendientes de que "El Patrón" no le diera a su ciudad la alegría de ver cómo el Nacional se hacía ganador de la Copa Libertadores.

Loustau, Jorge romero, Francisco Lamolina y los demás se alojaron en el hotel Tequendama, estaban cenando la noche antes del gran partido y una persona con gesto adusto, modales ordinarios, con traje negro, paso acelerado y mirada intimidante se paró frente a la mesa de ellos y mostró un maletín negro mientras les decía con voz baja y firme:

«Colombia no puede perder más finales», colocó el maletín en el puso, tocó la parte baja de la mesa al tiempo que Romero y Lamolina se ponían de pie para enfrentar al hombre, este abrió el saco y mostró la cacha metálica y negra que amenazante reposaba, lista para ser desenfundada.

Pero a pesar de todo eso Loustau le dio un codazo, el hombre forcejeo, todo pintaba para que se armara un problema, pero la seguridad se acercó, el hombre tomó el maletín y desapareció rápidamente, no antes de decir:

«O gana el Nacional o vuelven en ataúdes a casa».

Loustau venía de dirigir el Mundial Sub 20 de Chile en 1987; los Juegos Olímpicos de Seúl en el año 1988, aún tenía por delante la carrera en la Copa América de Brasil en 1989, el Mundial de Italia en 1990, la Copa América de Chile en 1991, la Copa Mundial de Clubes en 1992 y una final Intercontinental entre San Pablo y Barcelona en 1992, se presentó ante el Comité Ejecutivo de la Confederación constituido en el hotel Tequendama para poder denunciar el hecho y decir que no estaban dadas las condiciones anímicas para dirigir este partido. Había una amenaza de muerte.

Luego de muchas deliberaciones y con la colaboración de Lamolina y Jorge Romero, al final se dieron cuenta que incluso bajo amenazas tenían que jugar, era lo mejor. Era menos peligroso.

El Nacional de Medellín, tenía que hacer dos goles para ir a penales y tres para ganar la Copa Libertadores. El día anterior habían hecho un atentado contra el directivo del DAS que le costó la vida a siete personas.

Dos semanas antes volaron el estudio donde se emitía el noticiero Mundo Visión. Todos los casos fueron parte de las acciones de "El Patrón".

El terror estaba vivo, seguía caliente el tema del bombazo del DAS y el avión de Avianca con sus 109 muertos.

No podía ser de otro modo, los árbitros fueron impecables, el partido fue un dos a cero con goles de Fider Miño u Albeiro Palomo y entonces había que patear tiros libres desde el punto del penal para definir quién sería el campeón.

El resultado del partido condicional á los penales ¿También la vida de los árbitros con sus grandísimas tareas, dependería de los penales?

Luis cubilla, quien era director técnico hizo la lista de sus choteadores, por otra parte Maturana la consensuó con sus jugadores.

El primer penal lo ejecutó el arquero Éver Almeida y fue afuera, al terminar el tercer penal, Nacional ganaba el partido por tres a dos y era campeón, pues se había convertido Andrés Escobar, el Palomo Usuriaga y John Jairo Trellez.

El cuarto tiro lo echó afuera Alexis García de Nacional. Todo esto les llevó a que estuvieran en un tres a tres y falta un penal por equipo. Loustau y los demás sudaban y se encomendaban a sus entidades religiosas.

Olimpia falló increíblemente por parte de Gabriel González, Jorge Guasch, Fermín Balbuena y Vidal Sanabria. Por Nacional en la alternancia, pasaba igual y lo ejecutaron Felipe Pérez, Gildardo Gómez y Luis Carlos Perea.

Iba para el cuarto de la serie de uno, se habían lanzado 17 tiros libres desde los once metros y no había campeón. Loustau miró el balón, rogó porque todo acabara pronto, dio la orden a Leonel Álvarez y este marcó el gol triunfador.

Todos iban felices porque se habían salvado de una muerte segura, iba en camino para el aeropuerto y dos coches se interpusieron en el camino. Loustau aterrado vio a los matones con armas en la mano acercarse a su existencia.

«Tú no cumpliste lo pactado. Te ofrecimos un maletín con el dinero y lo dejaste. No captaste el mensaje».

Lo llevaron arrastras y lo trasladaron a un descampado a unos 8 kilómetros del centro. Corrió temiendo encontrarse con una persona en algún matorral. Una persona amable le orientó para que cogiera un taxi y finalmente llegó al hotel Tequendama, allí lo atendieron, le dieron un baño caliente y le suministraron calmantes.

Hoy en día se puede decir que estos árbitros se salvaron por poco, entendieron el mensaje, no el de "El Patrón" sino el del sentido de la vida. Tuvieron una segunda oportunidad.

Capítulo 14

Tranquilandia, un gran golpe para el cartel

E L DÍA EN EL que las fuerzas especiales de la Policía desmantelaron uno de los mayores laboratorios de coca del cartel de Medellín, la historia del narcotráfico cambió.

Corría el 7 de marzo de 1984, la historia de la lucha contra el narcotráfico en Colombia se transformó, ese día, un comando de fuerzas especiales de la Policía y los agentes encubiertos de la DEA asestaron un golpe muy fuerte al que hasta entonces había recibido el cartel.

Allanaron Tranquilandia.

En una zona con mucha selva ubicada entre los departamentos de Meta y Caquetá era el sitio donde "El Patrón" y los suyos producían y transportaban hacia el mercado internacional inmensas cantidades de droga.

En ese momento estaba al mando el coronel de la Policía Jaime Ramírez, cabeza del operativo. Allí había 9 laboratorios, ocho pistas de aterrizaje y 13,8 toneladas de cocaína que sumaban un total de 1200 millones de dólares. Al final de todo esto los miembros de la Fuerza Pública destruyeron hasta el último rastro de ese imperio que tenían montado allí.

"El Patrón" y los suyos no esperaron para tomar retaliación. El 30 de abril de ese mismo año, cuando el estado celebraba lo que hicieron, sicarios donde estaba mi hijo liderando, asesinaron a Rodrigo Lara Bonilla, el ministro de justicia. El hombre que había empezado a causar ruido en las esferas del narcotráfico por denunciar los delitos cometidos.

Ese fue el inicio de la guerra del cartel contra el Estado. Todo esto no había sido problema para los gobierno de Alfonso López que mandó hasta el año 1978 ni para Julio César Turbay quien gobernó hasta 1982. Ya luego los demás comenzaron a ver el narcotráfico como algo malo y todo se fue complicando con las acciones de "El Patrón".

A lo mejor por eso en 1982 el poder de los principales carteles de narcotráfico logró el mayor apogeo, no en vano para esa época llegaron a manejar un negocio que les permitía importar divisas que oscilaba entre los 800 de 2000 millones de dólares, o sea entre el 10 y el 25% de las exportaciones totales del país.

Se refería a ingresos concentrados, con capacidad para influir en la vida económica pero por medio de sectores reducidos de beneficiarios.

Esa fue la época donde las mafias disfrutaban de la primavera de sus delitos, Tranquilandia comenzó a quebrantar esta organización, aunque por entonces no se notó, pero fue la primera fisura, luego se fue rajando, como una casa que está a merced de los movimientos de tierra y poco a poco se raja hasta venirse abajo.

Capítulo 15

Héroes que cayeron a manos de "El Patrón"

La narcoguerra de "El Patrón" no solo cobró la vida de los hombres que te he nombrado aquí. Hay otros personajes que también lucharon pero poco los recuerdan porque fueron tantos los que eran figuras en los medios que los menores solo los recuerdan sus familiares.

Recuerdo cuando mi hijo me dijo que había mandado a matar por orden de "El Patrón" a Tulio Manuel Castro, un juez, este fue acribillado en la avenida Caracas con calle 45, todo porque le dictó auto de detención al capo por el asesinato de Lara Bonilla.

Luis Carlos Galán, Lara Bonilla y Guillermo Cano son los asesinatos más recordados por parte de "El Patrón". ¿Dónde quedan los otros 5 mil asesinatos que se atribuyen a "El Patrón" y quedaron en el olvido? Aquí se incluyen jueces, magistrados, políticos, periodistas, policías que no aceptaron sobornos y denunciaron los delitos.

Quienes no aceptaban las frases "Plata o plomo" asumían las consecuencias.

Hace unos años hicieron una serie de televisión basada en "El Patrón", aunque se apegaron mucho a los hechos, hay muchos personajes ficticios, hablo de la serie de Colombia, no la estupidez que hizo Netflix donde "El Patrón" hablaba con acento de Brasil. En Colombia algunos lo tomaron como apología del crimen y otros lo vieron como un homenaje.

Fue inevitable para mí no recordar la época de mi hijo y no sacar a flote el resentimiento contra ese señor. Sentí como si mi muchacho acabará de morir.

Más allá del protagonismo, lo cierto es que la serie sacó algunos héroes olvidado con las valientes acciones, personas que intentaron detener al capo, pero fallaron.

«Nunca se dejó corromper el corazón».

Dijo uno de los familiares de un caído.

Era el 23 de julio de 1985 cuando el juez Tulio Manuel Castro iba en camino a verse con su esposa Aurora para ir al entierro de un tío. Había llamado a juicio a "El Patrón". Salió en un taxi de su despacho a Paloquemao, cuando se bajó en la avenida Caracas le esperaban unos hombres que le dispararon.

Su mujer fue a su casa a esperarlo, dado que nunca llegó a la funeraria esperaba que le esperara allá. Eran las 11 de la noche cuando le llamaron para avisarle del atentado. Salió en su búsqueda y encontró un crimen.

Para ella su esposo nunca se dejó corromper, porque varias veces que intentaron de buena y mala manera obligarlo a aceptar dinero. Su integridad sigue siendo orgullo para su familia. Era un hombre hecho a pulso. Nacido en Boyacá, estudiante en la Escuela Normal de Tunja y maestro de escuela, tal como su esposa, hasta que se graduó de Derecho.

Desde ahí empezó una carrera brillante en la Rama Judicial, fue juez en diferentes lugares de Colombia y magistrado auxiliar en el tribunal de Bogotá. Cuando le asignaron el caso al ministro este era el juez primero superior de la capital. Fue nombrado magistrado en el Tribunal de Santa Rosa de Viterbo y se iba a posesionar pero lo asesinaron 8 días antes de la investidura.

Aurora le tocó hacerse cargo de los 5 hijos. La mayor tenía 15 y la menos 4. En un diario salió una noticia diciendo que ella había recibido un apartamento por parte del gobierno, pero fue mentira, nunca le dieron nada.

La esposa quiso investigar y contrato a un investigador, pero poco se pudo recabar.

Otra de las víctimas en su momento dijo:

«Preferiría morir que claudicar»

Él era un hombre muy afectuoso, cumplía con su deber, era un padre ejemplar. Carmelita Valencia, su viuda lo recuerda con mucho amor. La víctima fue Gustavo Zuluaga Serna, un magistrado que también quiso detener a "El Patrón" y su primo. La acusación era el asesinato de dos agentes de DAS que descubrieron en 1976 un cargamento de cocaína escondido en unas llantas de camión.

Zuluaga era un hombre muy estricto en casa, pero más que eso, era un padre amoroso al que le gustaba jugar juegos de mesa y tomar un trago esporádico, un hombre que quería una niña que no alcanzó a disfrutar. "El Patrón" le había amenazado en varias ocasiones para que dejara esos cargos en su contra, pero no le hizo caso, fue asesinado y su hija nació pocos meses después de eso.

Durante cuatro años había recibido varias llamadas telefónicas e incluso coronas fúnebres, vivía un infierno en casa pero tenía fe en que la justicia iba a liderar.

En una oportunidad Carmelita iba en su auto y la policía la detuvo, pero en realidad no eran oficiales sino hombres de "El Patrón". Mi hijo me contó entre risas que empujaron el auto de la pobre mujer y lo echaron por un barranco. Le dijeron que tenían que avisarle al esposo que tenía que retirar los cargos o asumir las consecuencias.

Donde mi hijo se quedó sin habla de la risa fue cuando le dijeron a la mujer:

«La próxima vez no la dejamos bajar».

Luego de eso consideraron dejar el país, pero no querían alejarse de la familia. La hija, llamada Ángela no conoció a su padre, pero recibe el retrato fidedigno de su familia.

Este fue un hombre con mucho carácter, muy obstinado con lo que creía correcto, prefería morir que claudicar, por eso iba a emitir un veredicto justo.

Este era un hombre de grandes principio que nadie quebraba. Pero no importa lo integro que fuera. "El Patrón" no tuvo reparo en mandarlo a matar.

"Mi padre era un superhéroe"

El coronel Jaime Ramírez se enteró de que "El Patrón" quería matarlo. Desde ese momento se aseguró de investigar hasta el más mínimo detalle. Logró que una moto y un Renault 18 viejo lo escoltaran, aunque fuera un carro que se varara cada rato. Este hombre logró convencer al gobierno de Estados Unidos para que le diera los 300 mil pesos que le cobraba un informante infiltrado en el cartel de Medellín.

Ramírez bajó la guardia cuando este infiltrado le dijo que el hombre contratado para la misión había aparecido muerto en la capital de la ciudad. Todo parecía mostrar que el plan estaba frustrado, así que se alejó unos días de Bogotá, con su esposa y el par de hijos de 16 y 14 años.

«Estábamos cansados de tanta zozobra y de andar armados todo el tiempo» recuera uno de sus hombres, es por eso que se fueron sin escolta a una finca de un tío en Sasaima. Era un lunes, 17 de noviembre de 1986, fue un día agradable y se sentían como una familia normal nuevamente. Pero cuando regresaban en paz, todo comenzó, los disparos comenzaron a llover.

En la entrada de Bogotá un grupo de sicarios los emboscaron y el coronel terminó con 40 disparos en el cuerpo, mientras que su mujer recibió uno en la rodilla, el hijo mayor uno en cada pierna y el menor uno en la mano.

Cuando estaban en el hospital los tres prometieron algo que aún mantienen: no buscar venganza. El mejor paso era superarse mal episodio como personas de bien. Aunque a la viudas le quitaron la mitad de su ser, vivió para cuidar a sus hijos, pero se rompió para siempre.

Por más de cinco años la familia luchó para que la Policía le otorgara a Ramírez un ascenso póstumo a general, el rango para el que se preparaba poco antes de morir. Contaba con los méritos suficientes, era jefe de la unidad antinarcóticos, fue el que desmanteló Tranquilandia, y descubrió el plan de "El Patrón" para asesinar a Lara.

Sus hijos dicen que veían a su padre como un superhéroe, no le importaba la plata, sino el hacer el trabajo correctamente.

Pero luego de la muerte de este hombre las autoridades ni siquiera reconocieron que Ramírez pereció en acción y sus autores quedaron impunes ante este crimen.

Esto es lo decepcionante de mi país, tantos delitos que quedaron sin resolver, sin autores que paguen, sin justicia.

Este es otro caso:

«No le temblaba la mano ante nadie»

A "El Patrón" lo detuvieron una vez y lo metieron en la cárcel de Medellín por los diez kilos de cocaína que transportaba y lo descubrieron los hombres del DAS en Itagüí.

En ese entonces Mariela Espinosa, era jueza de ese municipio, asumió este caso y lo hizo como si tratara con cualquier delincuente pero las amenazas no tardaron en llegar. Llamadas constantes a la casa, aunque cambiara el número telefónico muchas veces, apareció un aviso en un periódico donde la llamaban loca.

Eso no fue todo, el capo ordenó que quemaran el juzgado para que no quedara rastro de su expediente y mandó a ponerle una bomba al modesto Simca que había comprado unos días antes.

Aunque ella alcanzó a salir, a pesar de todo esto se negó a doblegarse ante la cacería a muerte que le pusieron.

«Si tengo que morir por meter a alguien en la cárcel, por importante que este sea, pues me muero».

Eso decía ella, cumplió su palabra a cabalidad, porque murió, aunque no encarceló al narco.

Ella era una mujer muy justa que no tenía temor ante nadie. Estaba convencida de que la perversión de "El Patrón" era grande pero igual cumplía con su deber.

La mujer podía ser muy valiente, pero toda la familia sentía miedo. En su casa le decían "el fulano" cuando se referían a "El Patrón".

La jueza intentó llevar este proceso hasta las últimas consecuencias pero el capo logró que el caso fuera trasladado a Ipiales y con sobornos quedó libre en poco tiempo.

Por si eso fuera poco "El Patrón" mató a los agentes que detuvieron el camión repleto de droga y el 31 de octubre de 1989 unos sicarios asesinaron a Mariela en presencia de su madre mientras entraba al garaje de su casa.

El crimen permaneció olvidado entre tanto estiércol del narcotráfico, cuando empezó a funcionar el sistema penal acusatorio, hace unos años, la primera sala de audiencias del Tribunal Superior de Medellín fue bautizada con su nombre. Homenaje que tomó vigencia y que saca a la luz una mujer honorable de nuestra tierra colombiana.

CAPÍTULO 16

¿QUÉ ESCRIBÍA "EL PATRÓN" EN SUS LIBRETAS?

UNA DE LAS COSAS que tenía "El Patrón" era una libreta que siempre cargaba en el bolsillo de su camisa, parecía un diario íntimo donde escribía constantemente y luego lo revisaba con mucho detalle. Él no se tomaba las cosas a la ligera y más cuando se trataba de hombres del cartel o enemigos.

¿Qué escribía en esas libretas? Es la pregunta que se han hecho muchos. Han sacado muchas teorías al respecto, pero yo tengo la respuesta, la contó mi hijo.

Lo primero que "El Patrón" escribía eran los nombres de los hombres que iba a matar. Eso descarta la teoría de que él administraba sus finanzas en esos cuadernos. Él tenía contadores que se encargaban de esas cosas.

"El Patrón" está relacionado con el asesinato de más de diez mil personas, creo que ya lo dije al principio. De seguro muchos nombres fueron escritos con la caligrafía de este hombre en las libretas de su bolsillo.

En esas libretas se colocaba el nombre de la futura víctima. El nombre que estuviera en esa libreta era una persona que iba a morir muy pronto.

Las únicas personas que fueron anotadas en esa libreta y no murieron fueron el ex presidente de Colombia Belisario Betancur y uno de los hombres que secuestró a su padre, los demás murieron.

En esa libreta se anotaba el nombre del que iban a matar y el sicario que iba a hacer el trabajo, en esas libretas debe andar el nombre de mi hijo debajo de algún muerto.

Cuando uno de estos hombres no podía completar una misión, buscaba a otro homicida. También anotaba cuánto había pagado por la cabeza de esas personas, si el objetivo era difícil entonces aumentaba la recompensa.

Cuando alguno de los hombres fallaba los llamaba a una sesión de coaching donde le daba charlas que muchas veces funcionaban. Porque el sicario en cuestión iba, daba con el objetivo y lo mataba.

"El Patrón" comparaba los trabajos que ordenaba con ganarse la lotería, incluso pagaba un poco más que lo que daba el premio mayor de lotería local.

Capítulo 17

La história de Mónaco

E L ATENTADO QUE SUCEDIÓ con el carro bomba contra la familia de "El Patrón" marcó el inicio de una guerra sangrienta contra el cartel de Cali.

Este edificio, el Mónaco, es una fortaleza que "El Patrón" creó en Medellín, se liga estrechamente con el narcoterrorismo que sufrió la ciudad en las décadas de los ochenta y noventa.

Los más de 600 policías asesinados, las miles de personas asesinadas, el avión de Avianca que explotó en el aire, el bombazo al DAS, todo un capítulo oscuro de Colombia.

Fue construido con mucho cuidado, se levantó en un lote de casi 5 mil metros cuadrados, en el barrio Santa María de Los Ángeles, en El Poblado, justo al frente del exclusivo Club Campestre de Medellín, club de lujo de la ciudad.

"El Patrón" construyó Mónaco en esta zona en venganza porque los del Club Campestre le rechazaron como miembro. Compró el lote e hizo el edificio, donde podía ver la gente del club desde las alturas.

Tenía rejas en los techos, así evitaba ataques desde arriba. Contaba con un cuarto de pánico con ducto de ventilación donde se podían meter en caso de emergencia, especial para si la casa era atacada con gases.

Contaba con tanques de agua en caso de que tuvieran que vivir encerrados por muchos meses. Tenía una bóveda con puertas de seguridad que la creó para meter dinero.

La vivienda principal se ubicaba en los últimos dos pisos, allí vivía con su familia. El penthouse estaba fortificado y eso fue clave en la seguridad cuando el cartel de Cali les puso la bomba que afectó seriamente el edificio.

El edificio sufrió muchos daños, pero no se derrumbó y la familia de "El Patrón" salió con vida, aunque la hija del capo se vio afectada con un problema de oído por el resto de su vida.

Después de la muerte de "El Patrón", el gobierno intentó darle varios usos a Mónaco, incluso que fuera sede del Cuerpo Técnico de Investigaciones de la Fiscalía de Medellín, pero los intentos fracasaron, según versiones porque el mantenimiento era muy alto.

Por años las ruinas de ese edificio estuvieron afeando la ciudad, estuvieron sin ningún uso, excepto para ser una de las paradas obligadas de los narcotours donde se narraba parte de lo que vivió este narcotraficante.

El edificio finalmente fue derrumbado de forma controlada y usaron el espacio para un memorial de sus víctimas.

Harán un parque llamado Inflexión como referencia al cambio que se dio con el narcotráfico y la ciudad más libre, un espacio para honrar las vidas y las memorias de los caídos y quienes perdieron tanto.

Inflexión será un circuito de esculturas, museos, espacios que narrará los homicidios que cometió el cartel de "El Patrón". Junto a ese se pondrán varios, uno en la plaza de toros La Macarena, donde estalló una bomba, otro en el barrio La Floresta, donde mataron al general Valdemar Quintero, comandante de la policía de Medellín.

Un tour a la memoria, buscando transformar el arte, buscando que de cierto modo se cambie la historia de Colombia, al menos que se empiece a ver con mejores ojos y dejar atrás los grandes crímenes que ya no se pueden cambiar.

El gobierno insiste en que es una estrategia para dejar de darle mito a los narcos y contrarrestar la cultura del dinero fácil que se creó en Colombia en las épocas más duras de los carteles.

CAPÍTULO 18

LA HISTÓRIA DE LA TOMA DEL PALACIO DE JUSTICIA

E RA EL 6 DE noviembre de 1985 cuando el M-19 tomó el Palacio de Justicia de Colombia. La sombra de "El Patrón" estuvo detrás de esa matanza en un país que mostraba guerra por donde se mirara.

Ese día que era miércoles, Colombia padecería una de las situaciones más difíciles que ha pasado. A las 11 y 40 de la mañana el Comando Iván Marino Ospina, del Movimiento 19 de abril, tomó por la fuerza el Palacio de Justicia, donde funcionaba la Corte Suprema del país. Estaba ubicado en pleno centro de Bogotá. Uno de los tres poderes del Estado era tomado por unos guerrilleros, la sangre comenzaría a correr por las siguientes 28 horas.

El país estaba enfrentando escenas difíciles, en televisión se veía a rehenes son orientación que escapaban del edificio con la cabeza agachada temiendo recibir un disparo.

Había tanques del ejército que atravesaban las puertas y las paredes e iban buscando guerrilleros, los soldados iban y venían con fusiles en alto. La información era prácticamente nula para los colombianos, no sabían qué pensar, no se sabía lo que sucedía, el episodio contó con más de cien muertos, entre civiles, empleados del Palacio de Justicia, magistrados, militares y guerrilleros.

El país estaba pegado a las pantallas viendo lo que pasaba. A unos 140 kilómetros de ahí estaba "El Patrón" festejando, este era de los poquísimos que sabía que se gestaba una masacre y sabía cómo iba a terminar. Sabía también a qué hora terminaría y contaba con que cada hora que transcurría lo beneficiaria en la guerra que enfrentaba con el entonces presidente Belisario Betancur.

El nombre del operativo no fue en vano, fue Iván Marino a quien el cartel le dio dos millones de dólares para financiar el ataque. Pero el jefe guerrillero sería ejecutado por el ejército de Colombia en Cali, poco antes de la toma de la Corte Suprema. "El Patrón" no solo les dio dinero, les ofreció refugio e incluso le colaboró con armas, le dio todo un camión lleno de armamento de guerra.

En estos tiempos "El Patrón" era amigo del M-19 desde 1981, cuando funda el MAS, que son las siglas de Muerte A Secuestradores, luego del secuestro de Martha Nieves, hermana de uno de los miembros del cartel.

Fueron los guerrilleros quienes secuestraron a la joven. Es ahí cuando "El Patrón" comanda una guerra contra ellos. Ahora los guerrilleros no quiero cinco millones de dólares sino cien mil dólares en Panamá.

"El Patrón" lejos de destruirlos, decide hacerlos aliados para su conveniencia, era una oportunidad de conseguir más poder. Fue el M-19 quien lo llevó a Panamá luego que mataron a Lara Bonilla, también este les presentó a Gabriel García Márquez, hubo una amistad que le dejó favores, placeres y obligaciones.

Allí había tres planes:

El primero era debatir la extradición para tumbarla con el presidente Belisario Betancur.

El segundo plan era quemar una serie de expedientes que en efecto fueron quemados.

El tercero era golpear al gobierno porque era un enemigo de "El Patrón".

Aunque vale aclarar que la relación entre Betancur y "El Patrón" no siempre fue mala, ambos compartían la misma ciudad natal, se conocían mucho y parte de la campaña la cubrió el capo, cinco millones de dólares para ser exactos.

Así se manejan las bajas esferas del poder.

Pero cuando Betancur fue nombrado en el Poder Judicial, para "El Patrón" fue una traición y Lara Bonilla pasaría a ser una pesadilla para él.

Pasó lo que ya he contado, matan a Lara Bonilla, matan a Galán, matan a tantos otros. Se declara la guerra a Betancur y la toma del Palacio de Justicia es una forma de debilitar el gobierno. Le quería dar un golpe mortal. Es por eso que alienta la idea del M-19m el 7 de noviembre iban a discutir la extradición, entonces los guerrilleros tenían una fecha perfecta para actuar. Por eso le dio armas, les apoyó, ayudó con logística y tuvo dos millones de dólares para que pudieran atacar.

El M-19 atacó con todo, solo ellos, sin miembros del cartel operando. Todo el cartel sabía que apenas entraran caerían en una ratonera de donde saldrían muertos.

La incursión de estos hombres pasó a ser una ganancia completa para el capo. Ganó con la muerte de los magistrados. Ganó con la quema de los expedientes y ganó con el golpe a Belisario. Fue el único que ganó en todo esto.

Aunque "El Patrón" en su momento le dijo a los guerrilleros del M-19 que este ataque era un suicidio, le recomendó que atacaran el Senado, lo que causaría una conmoción que obligaría a que Betancur se sentara a negociar.

El presidente no hubiera atacado como lo hizo, era más seguro que en el Senado hubiera actuado de otro modo. En el Senado estaba toda la clase política del país, los senadores, los amigos de la bancada. En fin, otro resultado al que tuvo.

Pero pese a los consejos de "El Patrón", los hombres decidieron atacar y cuando vinieron a darse cuenta del error era muy tarde, ese edificio estaba infiltrado desde hacía meses. En la cafetería de la Corte Suprema tenían a uno de los suyos, hecho todo esto "El Patrón" solo tuvo que sentarse con un cacho de marihuana a esperar que todo sucediera y se prendiera la candela.

Ese día el mayor narcotraficante de la historia de Colombia estaba relajado, sin emoción que lo alterara aunque sabía lo que iba a pasar ese día. Tenía conciencia que mirara por donde mirara el final le daría ganancias a él.

Sabía que desde que desplegó la retoma, que fue rápida, todos iban a morir, habían perdido. Este sabía que cuando mataran dentro del palacio, iban a matar el presidente de la Corte Suprema. Iban a matar a una gran cantidad de magistrados, titulares y auxiliares.

Fue así como sucedió, fueron nueve los jueces que asesinaron, durante el operativo guerrillero. Apenas sobrevivieron cuatro a esa lluvia de fuego que se dio. Se calcula que en la hora del ataque había 500 personas entre trabajadores y público.

Horas después de esa irrupción violenta, el presidente de la Corte Suprema, llamó por teléfono a Betancur y este se negó a atenderlo. En su lugar puso a Víctor Delgado, quien era jefe de la Policía Nacional y amigo del magistrado para que hablaran con el máximo representante de la justicia colombiana.

«Víctor, tú no puedes permitir que nos maten aquí, da la orden para que paren el fuego»

Esa fue la petición que le hizo a su amigo. Esa no fue la única llamada, hubo otras donde le rogaban a los medios que Betancur tenía que parar el fuego. En una de esas llamadas a los medios uno de los guerrilleros tomó el teléfono para hablar con el periodista:

«Habla Alfonso Jacquin, segundo al mando del operativo. El presidente de la república no habló con el presidente de la Corte y se van a morir todos. El ejército entró con sus tanques y suenan los tiros, cuando lleguen aquí, van a morir todos».

Muy bien lo había dicho en su momento "El Patrón":

«Si ustedes se meten al palacio, de una Belisario los va a atacar, porque la Corte Suprema de Justicia no le importa ni cinco a un presidente».

Todo esto fue una locura, "El Patrón" había ganado, los expedientes se quemaron, eso afectaría la extradición, el único ganador de ese día fue este hombre.

El ex presidente por su parte hace un tiempo le pidió perdón al país por ese actuar tan feroz. Ese viejo aún sufre por lo que hizo ese día.

Al menos este hombre pidió perdón, lo que no hizo "El Patrón" quien murió sin el más mínimo remordimiento por toda la sangre que hizo correr en Colombia.

Capítulo 19

¿Quién era Virginia Vallejo?

Virginia Vallejo fue la primera vedette que tuvo Colombia, fue la amante del narco entre 1982 y 1989.

El nombre de ella surgió en los años setenta, comenzó como modelo de comerciales, se recuerdan sus famosos escotes en las publicidades de galletas.

Fue imagen de las medias veladas Ritchie y fue presentadoras en varios noticieros locales, como TV Sucesos, y 24 Horas.

Ella es una mujer inteligente que se esforzaba poco para conseguir hacer su trabajo, llegaba a trabajar poco antes de salir al aire. Se aprendía el libreto, por entonces no tenían teleprompter y lo decía sin fallas. Su memoria prodigiosa le permitía hacer el trabajo bien.

Se graduó en el colegio Anglocolombiano, Vallejo desde joven aprendía inglés y francés y se caracterizaba por estar bien informada en las noticias de la realeza inglesa y lo que pasaba en ese momento en el entorno.

Tenía el porte de una mujer altiva y vanidosa, a veces se mostraba soberbia, no se dejaba ver si no estaba arreglada. Tuvo una relación con el director de la televisión argentina, David Stivel, una relación luego de estar casada con Fernando Borrero. Ella era tan vanidosa que dormía en habitaciones separadas para que no la vieran sin maquillaje.

Cómo conoció a Escobar

Ella sabía aprovecha la figura bonita que tenía entonces, fue de las primeras que protagonizaron desnudos en la portada de una revista, salió en el magazín Aldía. Era la mujer soñada de muchos.

Vivía relacionada con lo más selecto del poder. Era amiga cercana de varios ex presidentes. Se probó en el mundo de las artes escénicas, más por los contactos que por las dotes de artista. Estuvo primero en el cine, con películas como Colombia Connection en 1979, una parodia sobre un agente secreto que busca capturar a un narco, vaya ironía.

Por entonces el que era novio de ella, Aníbal Turbay Bernal, le presentó a "El Patrón".

La relación surgió pronto. Para los cercanos lo que había entre ellos dos no era un secreto, "El Patrón" la buscaba en su oficina, hablaban por teléfono, ella le llamaba por su nombre, se veían en discotecas, incluso Vallejo lo entrevistó en un programa que ella presentaba, era la época donde el narcotráfico no era atacado como lo es hoy.

«Me enamoré de él, creo que en una época me quiso mucho. Yo me enamoré de un filántropo, era adorado por el pueblo, recorrí con el muchos sitios de Antioquia. Era un ídolo, movía multitudes».

Ella no era cercana solo a "El Patrón" sino a todos los miembros del cartel. Ella siempre se veía bella, era de esas bellezas del siglo pasado sin cirugías, natural, pero aunque tenía unos toquecitos leves de quirófano. Fue también pionera de las cirugías plásticas, pero más que todo por vanidad que porque lo necesitará. Se hizo los senos, la nariz, incluso buscó al brasileño Ivo Pitanguy. Esa niña podía estar muy linda, pero su mente no estaba bien, en un momento comenzó a sentir que sentía que la perseguían, se le veía paranoica. A la vez comenzaron a aparecer problemas entre ella y el capo.

Ese nexo que tenía con "El Patrón" le costó el trabajo de presentadora y dejaron de llamarla a salir en televisión. A su vez aparecieron rumores, como que un amante le había dañado el rostro o que tenía sida.

Años después ella explicaría que estaba perfectamente, eso lo contó cuando estaba visitando en Alemania a un conde muy citado que quien se había enamorado. Aunque nadie vio nunca a ese conde, a saber si no sería algo para llenar sus emociones débiles.

Ella apareció en la televisión con un papel en una novela llamada Sombra de tu sombra, en Caracol, pero los problemas aparecieron pronto, le costaba aprenderse los libretos, llegaba tarde, pedía cambio de escenas, quería que las grabaran a otras horas. Esto hizo que su personaje fuera desaparecido pronto. Llegó a la radio en Todelar. Hacía un programa de chismes.

Esa Virginia tan inteligente en los setenta se había esfumado. Estaba muy sola, muy mal, con un gran resentimiento hacia los medios. Vivía alejada de la familia, incluso de su madre y hermanos, uno de esos hermanos le restregaba que había estado con "El Patrón".

No tuvo hijos porque no quería perder su figura, el año en el que murió "El Patrón" ella dejó la radio. Desde ese día no se volvió a saber de ella. Después de ser una vedette y consentida de la sociedad, ahora era solo ausencia, si acaso un almuerzo donde la pescaban en una fotografía. Se sabía que llevaba una vida austera,

La mujer la vieron este siglo, aún se conserva hermosa, pero tiene problemas de visión, se le ve en el modo en el que lee, cómo camina, fue una mujer que se fue apagando hasta convertirse en un ser triste y solo.

Tocando la soledad, pues sí, eso es lo que padece, es una mujer que está aislada y sola. Ha estado en una especie de reclusión voluntaria con su madre, con quien se reunió finalmente. Muchos de los que trabajaron con ella se preguntan cómo una mujer tan bella se pudo enamorar de "El Patrón".

¿Cómo alguien con su talento y la educación de niña rica, pensó que a su lado iría como Eva Perón o Manuela Sáenz?

Yo pienso que las personalidades se cruzaron, ella era una mujer muy inteligente, sagaz, y "El Patrón" a pesar de su maldad era un genio estratega. Su manera de ver el mundo les cautivó, sin contar con el lado bueno del capo, que ayudaba a la población. La relación entre ellos comenzó a romperse cuando "El Patrón" se fue haciendo cada vez más sanguinario.

La opinión dice que a ella la usaron personajes del país, incluso algunos de sangre fría dicen que el destino que le tocó ella misma se lo buscó.

Ella habla mal de "El Patrón", pero en mi opinión si la relación era tan mala por qué duraron 7 años juntos. Ha hablado de que es un hombre malo en la cama, que la obligaba a estar juntos... reproches de mujer herida.

Virginia ya se puede considerar una anciana, por ahí salió con un libro de Neruda en las manos, allí hay poemas dedicados por "El Patrón" y Santofimio Botero. En las páginas del poemario en el poema Canción desesperada, Virginia escribió la fecha de muerte de su ex amante: dos de diciembre de 1993.

Son versos que ella dedicó cuando vio que este hombre murió palabras que repite con dolor en su soledad y su ceguera.

Todo en ti fue naufragio.

Ahora publicó un libro donde cuenta todo lo que pasó con el capo y además es presentadora de televisión, parece que por fin hizo las pases con el karma y podrá vivir sus últimos años con un poco de dignidad.

Capítulo 20

La relación entre Gabo y "El Patrón"

Entre "El Patrón" y Gabriel García Márquez no hubo una relación de amistad, esto es algo poco conocido, claro, nadie quiere saber que el hombre más querido de Colombia se haya relacionado con el peor monstruo que ha parido el país.

Mi hijo dice que "El Patrón" amaba leer en las noches, pero no lo hacía con frecuencia, es decir, no era un come libros, pero sí leía lentamente algunas obras y en una de sus casas tuvo una biblioteca donde había varios libros del Gabo.

Tenía un gran respeto por él y lo llamaba "El Maestro".

El libro llamado "Noticias de un secuestro", uno de los más exitosos del escritor está basado en los secuestros que hicieron Los Extraditables. Este libro Noticias de un secuestro se editó en 1996 y se centra en diez secuestros ideados por "El Patrón". Ese libro se construyó en base a las entrevistas que realizó a las víctimas de los secuestros y a varios políticos de entonces.

Gabo nunca se vio en persona con "El Patrón". Luego del asesinato de Lara Bonilla y con la violencia cruda en el país por parte del cartel de Cali, se dijo que el escritor se reunió con el capo, pero esto es totalmente falso, a menos que mi hijo no se haya enterado.

El cartel sí tuvo relaciones con varias personalidades, entre ellas las de Fidel Castro y su hermano Raúl. En una ocasión Gabo hizo de mensajero, uno de los hombres llevó a México una carta gruesa y se la entregó al premio Nobel de Literatura, la idea era que se la llevara a Fidel Castro. Era un sobre grueso que contenía varios papeles. Mi hijo no supo qué contenía esa carta porque las comunicaciones de "El Patrón" eran sagradas.

El Gabo dijo en algún momento:

«Una droga más dañina que las mal llamadas heroicas se introdujo en la cultura nacional: el dinero fácil. Prosperó la idea de que la ley es el mayor obstáculo para la felicidad, que de nada sirve aprender a leer y escribir, se vive mejor y más seguro como delincuente que como gente de bien».

Esto aparece en Noticias de un secuestro, como una poderosa síntesis del efecto que causó el secuestro y todo el mal que dejo la historia de "El Patrón".

Capítulo 21

Cómo era la cárcel "La iglesia"

"El Patrón" tardó 406 días en escaparse de la cárcel que él mismo construyó "La Iglesia" esta la hizo para sortear la extradición a Estados Unidos.

Escapó el 22 de julio de 1992. Esta era una cárcel de lujo, asentada en las montañas de Envigado, a 25 minutos en auto de la ciudad. Esa no era una cárcel común, tenía una de futbol, gimnasio, cascadas naturales, ventanas amplias con vistas increíbles, cuadros costosos en las paredes y pare de contar.

Esa cárcel era como su casa, "El Patrón" controlaba todo, incluso llegó a perpetrar muchos crímenes dentro del recinto. Las canchas de fútbol eran excusa para visitas de ilustres como Higuita, allí aterrizaron helicópteros, en ese espacio también hacían plaza general para hacer juicios, de hecho los socios, Kico Moncada y el Negro Galeano fueron dos víctimas asesinadas en el interior del centro penitenciario. A la cárcel entraban camiones con doble fondo donde llegaba alcohol y drogas. Allí se escondían muchos visitantes del capo.

Una cárcel con tremenda vista del valle de Aburrá, cordillera central de los Andes junto al río Medellín. También tenía en su poder armas, casas de muñecas para su hija, centrales con equipos para hallar personas, teléfonos, fax.

En la celda de "El Patrón" llegaban muchas visitas, vivía en una cámara poco común, era casi una habitación de hotel, cama matrimonial, mesa de luz, televisión, cuadros en las paredes, estanterías con todo tipo de libros. Ahí mismo tenían una cascada de agua natural que usaban para poderse bañar, lavar ropa e incluso borrar huellas de sangre en las armas.

El espacio natural donde descansa "La Iglesia" está formada por muchos caminos estrechos empinados difíciles de recorrer. Esa zona es perfecta para preparar una fuga y obstaculizar las labores de búsqueda fuera de la prisión. Dentro de esa cárcel todos los hombres tenían medios para comunicarse con el exterior. Sin olvidar lo que dije al principio, los cuartos secretos y las caletas que no se veían a simple vista.

Una de las fases para escaparse consistió en usar dichos canales para sembrar pánico en la ciudad, ordenó la instalación de bombas en colegios, uno de los hombres mandó a poner bombas tanto en escuelas como en varios lugares de la ciudad.

«Va a llover dinamita sobre todos». Decía.

Allí empezó la persecución ese sería el último año de vida de "El Patrón", donde huyó cada vez más mientras lo iban cercando poco a poco hasta que lo llevaron a Los Olivos y donde fue ejecutado o se suicidó, cada quien que elija la versión que más le guste.

Capítulo 22

La relación de "El Patrón" con el nazismo

Esto es algo que está poco documentado, "El Patrón" se alió con Klaus Barbie, el líder de la Gestapo de Lyon en la Segunda Guerra Mundial. Este nazi saltó a Latinoamérica en su segunda parte de vida.

El carnicero ce Lyon y "El Patrón" son un par de personajes que se cruzaron y son dignos para una película estadounidense. Estos dos tuvieron una relación en el camino de los crímenes.

La relación entre ellos dos se derivó en la apertura de nuevas rutas a través de Europa, fundaron lo que ellos llamaron en su momento la "General Motors de la droga" y en financiación de un grupo paramilitar a las órdenes del nazi.

En contra de lo que se ha extendido, la relación que hubo entre estos dos hombres no empezó en la selva, para nada, estos dos se conocieron en un ambiente más relajado, estaban en una parrillada que daba Roberto Suárez, el rey de la cocaína, el mismo hombre que sufragó el golpe de Estado que impulsó al gobierno al dictador Luis García Meza en 1980.

Estos dos se vieron allí, era el 8 de enero de 1981, bebían un buen vino y una buena parrilla en una finca de Santa Cruz en Bolivia. A partir de entonces empezó una relación turbia donde Barbie ofreció a su colega contactos con la vieja Europa y avionetas para llevar la base de coca hasta los laboratorios de "El Patrón". Este a su vez recibió un dinero para que combatiera el comunismo de la época.

¿Cómo acabaron estos dos colaborando?

El germen de esto está en el año 1976, ese fue el año en el que fue detenido por primera vez "El Patrón" por traficar con droga. Esto es algo que por cierto le hizo reflexionar que todo bandido tiene que pasar un tiempo en la cárcel para tener la escuela de la vida completa.

Luego de estar un corto tiempo en la cárcel "El Patrón" expandió sus negocios a Bolivia para ganar más dinero y contactar con otras personas, relaciones con militares y fugitivos nazis, entre esos el carnicero de Lyon, Klaus Barbie.

En sus palabras, para entonces Barbie y el séquito de mercenarios, manejaban el comercio de la base de coca en las selvas de Bolivia, entre otras cosas, protegía los cargamentos de Roberto Suárez. Esto era como para una película, los hombres de "El Patrón" veían a los hombres que cuarenta años después de la Segunda Guerra Mundial aún vestían el uniforme del gran Führer,

"El Patrón" antes de conocer a Klaus, contactó con Roberto y le ofreció que expandieran el negocio a cambio de una buena porción de dinero. Este aceptó sin problema, poco después se dio la parrillada donde se conocieron estos dos.

A partir de entonces, Barbie y sus hombres trabajaban en el traslado de los cargamentos de pasta de coca de Suárez. En los primeros años de los ochenta, los responsables de controlar la seguridad de todos los trabajos se hacían en las pistas de Santa Cruz y Beni eran "Los novios de la muerte", contratados por El Rey.

A la vez, Barbie seguía haciendo las veces de asesor para el Rey y para "El Patrón". Así lo afirmó la esposa de Roberto Suárez, Ayda Levy,

En el año 81, el nazi estuvo junto al boliviano viajando seguido a Medellín para aconsejarle en los negocios. Entonces este hombre no le daba solo seguridad en las operaciones, sino que también brindaba influencia en las dictaduras de Bolivia. Era un contacto para expandir los negocios y una pieza que trabajó por un tiempo con el cartel.

Mi hijo conoció al nazi y mi muchacho que era un gatillero con muchos muertos encima se estremeció al encontrarse con la mirada fría de ese alemán, era un hombre que te miraba fijamente con una seguridad en sí mismo y una oscuridad en su interior que estremecía al más valiente.

Supongo que se la llevó bien con el capo porque ambos tenían la misma oscuridad, para prueba solo hay que ver los ojos de "El Patrón" en las cientos de fotos que circulan por ahí. Maldad con maldad se junta.

Capítulo 23

El Último Día de "El Patrón"

L A PREOCUPACIÓN QUE "EL Patrón" tenía por su familia hizo que delatara la posición.

Conocí hace un tiempo a un funcionario federal norteamericano, este trabajaba en el Departamento de Agricultura de Estados Unidos. En medio de una conversación me dijo que estuvo en Colombia en la misma época en la que moría "El Patrón".

No solamente eso, el funcionario, había sido asignado por el Departamento de Agricultura para ayudar a las autoridades agrarias colombianas, contaba que en la oficina en la que había trabajado pudo escuchar la llamada en vivo momentos antes de que mataran a "El Patrón".

El capo había cumplido años el día antes, en esa llamada dijo:

«Espérate que oigo unos movimientos raros ahí afuera» poco después llovió una buena cantidad de balas.

Minutos antes hubo otra llamada interceptada por las autoridades y permitió que se rastreara la ubicación en una residencia de dos pisos que había comprado en Los Olivos, un barrio de clase media en Medellín.

Lo curioso es que este hombre era muy bueno eludiendo las autoridades y siempre estando un paso adelante en los rastreos telefónicos. Además de este poseer un teléfono inalámbrico, hacia muchas llamadas al día. Se movía por toda la ciudad y se metía en una y otra caleta, buscando confundir a las autoridades.

El Bloque de Búsqueda que estaba apoyado por la DEA, llevaba catorce meses intentando dar con las llamadas. Un año atrás "El Patrón" había escapado de su cárcel.

Por casi un año logró escapar de las autoridades, contaba con los recursos para mantenerse en las sombras. Por eso en muchos pueblos donde se escondía o los barrios por donde pasaba la gente lo escondía y guardaba silencio, pero por seguridad solo iba de paso y seguía camino a otra caleta.

Ahora salía a relucir el cobro de favores por las muchas urbanizaciones que construyó, las obras de reforestación e iluminación, la construcción de canchas, incluso creó cuarteles policiacos en diversos pueblos, compró flotas y patrullas nuevas

Todos les debían favores.

Pero todo se le complicaba al gran capo, porque tenía por un lado el seguimiento de las autoridades y a Los Pepes que ahora recibía dinero del cartel de Cali y le seguían.

Ya al final lo que hacía era buscar la forma de sacar a su familia de Colombia, pero todos los países a los que le pidieron asilo se los negó categóricamente.

Entonces "El Patrón" mandó a su familia a Bogotá donde se pusieron en manos de la policía para tener protección de Los Pepes, vivían en las lujosas residencias Tequendama, allí era a donde llamaba "El Patrón" cada vez con más desespero y llamando cada vez más descuidándose en su seguridad.

Ese día a las 2 y 35 de la tarde, luego de rastrear la llamada, el Bloque de Búsqueda envió tres furgones que tenía 17 de los mejores agentes de la organización. Llegaron a las 2 y 50 de la tarde al sitio.

"El Patrón" acababa de comerse un plato de espaguetis, estaba sin zapatos, tirado en la cama, hablando por teléfono, entonces escuchó un ruido y le pidió a su guardaespaldas que mirara.

Al abrir la puerta vieron la avalancha policial, ambos corrieron pero el guardaespaldas abrió fuego, intentando darle tiempo a "El Patrón" para que escapara.

Le dispararon y cayó abatido allí mismo.

"El Patrón" por su parte huyó por la puerta trasera y se trepó al techo de la casa, allí recibió doce tiros, uno de ellos fue detrás dela oreja izquierda y ahí es donde nace la teoría de que se suicidó.

Todo esto que dice tiene una base, porque en los tiempos donde luchaba porque no lo extraditaran a Estados Unidos hizo eco de:

«Mejor una tumba en Colombia que una cárcel en los Estados Unidos».

Miles de personas asistieron a su entierro, después de muerto este hombre sigue siendo el más visitado en el cementerio Montesacro en Medellín.

¿Se habrá suicidado este criminal?

Cuando era joven dijo que si no tenía un millón de dólares en determinada edad, se suicidaría.

No se sabe con certeza qué habrá pasado. Independientemente de lo que haya sucedido, por lo menos este criminal ya no está físicamente en esta tierra.

EPÍLOGO

HAN PASADO TANTOS AÑOS desde la muerte de "El Patrón" pero él sigue proyectando su sombra de violencia sobre Colombia.

Nosotros los colombianos que estamos en el exterior, ya con tanto tiempo que ha pasado y por tanta repetición ni nos indignamos cuando nos nombran al capo de capo. Apenas los demás saben de dónde soy e incluso la ciudad en la que nací, saben lo que es cargar el estigma del narcotráfico más allá de Colombia.

Llevo varios años en Europa, siempre pasaba lo mismo cuando sabía que era de Medellín, me preguntaban si podía conseguir droga, que si sabía dónde había un camello. Es inevitable que no te nombren a "El Patrón" y que te pregunten si alguna vez lo viste.

La caída de "El Patrón" junto con la de su socio "El Mexicano" unos años antes, marcó el declive del cartel de Medellín. Pero eso afectó poco el negocio de la droga, que anualmente produce toneladas de cocaína que salen a diversos países del mundo y afecta miles y miles de hectáreas de bosques tropicales por culpa de los cultivos de coca.

Hoy en día no hay grandes carteles como entonces, pero hay algunos capos que duran meses, son muchas las organizaciones que hacen su trabajo y llenan filas enteras. Por ahí está el Catatumbo y el Nariño.

Este hombre llegó a sentarse en el Congreso, fue uno de los pioneros en la compra de senadores y políticos varios, el caso más conocido es el de Alberto Santofimio, condenado por el crimen emblemático de "El Patrón" que fue matar a Galán.

El modo en el que trabajó fue replicado y refinado por el cartel de Cali y los paracos, como lo demostraron los procesos 8000 y la parapolítica.

Es más, la infiltración de los paracos en todo el Estado y en los organismos de seguridad tuvo relación directa con "El Patrón", no por él mismo, sino porque uno de los grandes jefes de Los Pepes, logró una guerra contra el capo, se enquistó en los más profundo del DAS como se ha visto en las investigaciones que han hecho estos años.

Esos contactos y otros del Estado hicieron que naciera en los noventa la banda paramilitar, esto ha dejado miles de muertos, en su mayoría civiles bajo las banderas de las Autodefensas Unidas de Córdoba y Urabá.

Dentro de todos esos hombres estuvo el reconocido Hugo Aguilar, coronel, que mostró alianzas oscuras con toda la mano negra que se movía en Colombia.

Aguilar pidió la baja un año después de la muerte de "El Patrón". Por muchos años brilló como el hombre que dio de baja al criminal más peligroso de la historia colombiana. Este es un reconocimiento que le facilitó el camino a la política.

En el mundo de la delincuencia, "El Patrón" sigue vigente. Diego Murillo, un gatillero del cartel, se independizó y consolidó y es lo que funciona como "La Oficina" aquella que nombré hace mucho rato, donde funcionaba una oficina de cobro. Esta estructura criminal es responsable de muchas muertes y hoy va en su quinta generación de capos.

En Medellín hay varias bandas delictivas que mantienen su escuela de sicarios, a muchachitos que aún huelen a teta asesinando a adultos y manteniendo en el tercer mundo a un país tan hermoso como mi Colombia.

Hace unos años Don Berna publicó un libro donde habla de cómo mataron a "El Patrón", cuenta cómo junto a la policía le dieron caza al capo.

Según la versión de este hombre dice que fue Rodolfo Murillo Bejarano,- alias Semilla, quien mató a "El Patrón".

¿Cómo murió mi hijo?

No vale la pena nombrarlo. Fue un sicario más, sí, fue uno de los grandes sicarios de "El Patrón", pero no es motivo de orgullo resaltar lo que hizo, no es el protagonista de esta historia, tampoco lo soy yo, lo es Colombia, lo es mostrar la misma historia que se ha escrito en muchas versiones pero con datos reales, porque lo cuento basado en lo que me contó alguien que lo vivió en primera persona, incluso que es protagonista porque mató a algunos de los héroes caídos.

¿Por qué escribí esta historia?

Creo que fue una catarsis por este dolor que desde hace unos años se ha acentuado, todo por culpa de la calidad de producto que le han dado al monstruo de Medellín.

Series colombianas, series en canales streaming, películas con actores gringos y con "El Patrón" hablando inglés.

Libros de personas que han sido cercanos al capo, el hijo que sale del anonimato, la mujer que aparece de nuevo, Popeye que sale de la cárcel y vuelve a entrar y ahora se está muriendo de cáncer, las amantes que cuentan sus versiones.

Es tanto, cómo no recordar a mi hijo, lo siento vivo como una herida que sangra. No escribo este libro para llenarme de dinero, lo escribo para mí, a lo mejor nunca saldrá de este computador, se irá al olvido como lo haré yo cuando en poco tiempo mi Dios me llame a su lado.

ACERCA DEL AUTOR

Sigue al autor en las
redes y en su página de autor en Amazon como Raul Tacchuella para que
te enteres de sus últimas novedades

Visita su Website raultacchuella.com

Recomendamos El Cartel de Medellín by Raul Tacchuella

SÍGUENOS

Antes de irte no olvides que tu reseña en Amazon es muy importante para el autor y no olvides visitar nuestra página librosprime.com si te gustan los libros de este género donde encontraras promociones y libros gratuitos registrándote en nuestra Newsletter